社會平等

當代的挑戰

SOCIAL
EQUALITY

The Challenge of Today

Rudolf Dreikurs 魯道夫・德瑞克斯——著　　　　譯——李家雯、吳毓瑩、林上能、黃珮怡

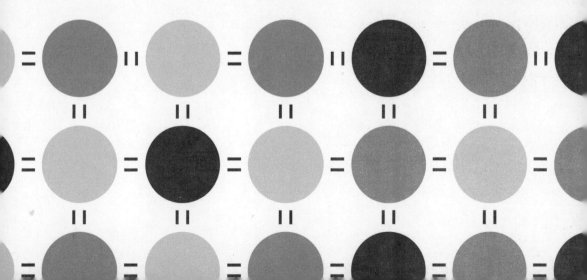

獻給我的孫兒女們：

羅尼、貝絲、布魯斯、琳達，

秉著我殷切的冀望，

願他們都能生活在一個平等、正義與和平的世界。

目錄
contents

中譯本序 *

　　「社會平等」是一種概念，攸關人類看待自己與他人的方式，這個概念涵蓋了「尊重」：對自己，也對他人。

　　許多人認為社會平等是指權利與待遇上的平等，也認為這代表人們應與他人享有同等的報酬與物質平等。然而，從阿德勒學派的觀點來看，社會平等代表的是「做為一個人的平等價值」。

　　當一個人深信自己的存在，與他人在價值上是平等的，便意味著身而為人的他（她）與其他人同等重要，而他（她）對更大群體的貢獻，也受到相同的重視。這樣的概念，是指人的內蘊固有價值，而非外在特質。在人生不同階段，一個人擁有的金錢可能或多或少，成就之事或大或小，獲得的聲望也可能或高或低，然而做為一個人，其本質上的價值並不會改變。身而為人，其存在於世上的固有內在價值，即是他與眾人皆為平等之處。

　　對阿德勒學派實踐者而言，這是心理健康的至要關鍵。一旦我們相信自己與他人在本質上的價值是平等時，便不會因受自卑感的束縛，而產生憂鬱、焦慮甚至憤怒，更無須透過感覺自己優於他人來展現自己。我們重視並尊重自己與他人。

　　在我們所屬的更大群體裡，我們以平等之姿找尋為社群貢獻的機會，人人均有能力做出貢獻，能為他人與更廣泛的利益提供協助。倘若我們依照「社會平

---

* 本書由張老師文化公司出版。

等」的意義層面，視自己與他人同等重要，我們便不會執著在僅對自己有利而無助於眾人共同利益之事。

我們所有人都能夠幫助自己與他人相信社會平等。阿德勒心理學派的許多概念與模式，都是建立在社會平等並鼓勵社會平等的基礎之上，我相信，本書將有助於每一位想尋求充實生命與健康生活的人。

伊娃・德瑞克斯・佛格森（Eva Dreikurs Ferguson，作者之女）

Preface to Rudolf Dreikurs SOCIAL EQUALITY book[*]

"Social Equality" is a concept that concerns the way human beings envision themselves and each other. The concept relates to respect: for oneself and for others.

Many people consider that social equality refers to equality of rights and privileges, and they think it means that people should have equal pay and other material equalities. However, in the way Adlerians view this concept, social equality refers to 'equality of value as a human being.'

When a person believe she or he is equal in value as a human being, this signifies that the person as a human being is valued equally with others, and her or his contributions to the larger community are equally valued. The concept refers to intrinsic value, not to extrinsic characteristics. One may have more money or less, more accomplishments or less, more outward prestige or less at different times of one's life, but one's intrinsic value as a human being does not change. One's intrinsic value as a human being is that of an equal among equals.

For Adlerians, this is a key to mental health. When we believe in our intrinsic equality we are not burdened with inferiority feelings that create depression, anxiety, or anger, and we do not exert our energy on trying to be superior to others. We value and respect ourselves and others.

---

[*] Taiwan Living Psychology Publishers

We seek to contribute as equals to the larger community to which we belong. Each of us is able to make contributions, to help others and the larger good. When we value ourselves and each other as equals in the sense of 'social equality' we do not get side-tracked in pursuits that are only self-serving and do not contribute to the common good.

All of us can help ourselves and each other to believe in social equality. Adlerian psychology has many concepts and methods that are based on social equality and that promote social equality. I trust this book will be beneficial for all those who seek to find a fulfilling and healthy way of living.

Eva Dreikurs Ferguson

民主、平等、和諧的想像和行動

　　不平等存在我們生活裡的每個角落。舉凡家庭、學校、職場以及社會關係的衝突，皆可歸因到平等的匱乏及相繼而來的比較競爭、支配控制、優越和歧視。人類有史以來，無論是個人、群體、組織、社會制度或文化，本就有傾向為了支持自己的優越感而對他人持有成見的態度和歧視的作法，也常為鞏固自己既得利益並不惜以攻擊行為打壓他人。本人在拙作《勇氣心理學》一書中曾將本書對社會平等的困境做以下的摘述。這些絆腳石在本書出版半個世紀後，用來描述太平洋這端的華人社會心態仍然確切無比。

- 我們不能平等地看待他人。
- 我們對於尊重和內在自由的需求，與外在社會賦予男性、父母和權威者較高位階的階層系統有所衝突。
- 社會對階級、聲望和權力的要求，帶給我們每個人極深但不同程度的影響。
- 對於文化規範要求「好」或「正確」的需求，我們經常判斷錯誤。
- 我們常無法認清行為問題並非原因，而是人際關係衝突造成的結果。
  （p.151）

　　作者 Dr. Rudolf Dreikurs本著阿德勒心理學原則，在本書中從生物性、心理、社會及靈性的角度，闡述人和自己、人和他人、人和自然、人和宇宙的關係中從自卑走向真平等的困境和克服之道。讀者將受益於作者針對傳統及其如何影

響個體、兩性、親子及社會關係中的自卑和害怕不完美的剖析。作者鼓勵我們要以勇氣和整體觀來替代二分法之思考方式和所帶來的從眾、爭權和衝突；相對地，作者提出以互相尊重、彼此合作有貢獻的民主信念走向社會和諧。

除非每個個體都被平等對待，並覺得有安身之處，否則社群就不會有穩定與和諧。

阿德勒心理學主張個體是社會整體的一部分，對歸屬的渴望是人努力的自然目標。當個體能用勇氣和社會情懷履行生命任務（工作、愛、社會關係、自我接納、與世共處）時，隸屬感和意義就會產生。對許多人而言，歸屬感的獲得充滿著困難，因為民主的本質一向具有爭議性，走向民主的路徑更是崎嶇顛簸。大部分人的衝突，可歸因於缺乏平等的文化環境所造就的講求比較競爭、支配和控制、偏見和歧視的生命觀；更甚者，「與自己和他人競爭以獲取成功」或「比別人更好」的態度，會造成人與人間之不和睦及社會歧視和壓迫的問題。

在講求位階和傳統威權的華人社會裡，大部分的人們尚未預備好如何以平等的態度接納和尊重差異，文化多元和時代變遷顯然更造就了人們價值和行為的兩極化，充斥著困惑、衝突、矛盾、霸凌的社會生活更讓人不知所措。本書中譯本出現得正是時候，可以協助讀者理解社會平等如何是解決歸屬問題的方法。其實平等是一個心理建構：平等的勇氣就是面對不友善的環境，或其他優越者試圖否定我們的平等地位時，仍然具有自我肯定和繼續追求共好的勇氣。家是一個人最早的社會團體，他／她在家庭中的地位、家人互動及生命早期經驗，會構成一個人的認知信念、態度、特質及生命風格，因此家也是培養個體對平等的自覺、認知和行動的最佳時候和場所。

阿德勒心理導向工作者有社會義務以行動為個人和群體解構不平等，建構眾人平等以造就個人的平等，因為我們知道平等是民主的目標，和諧才是社會生活

的最終理想。舉例來說，臺灣阿德勒心理學會初成立便協同多位贊助者，於 2017 年 2 月，邀請《被討厭的勇氣》作者日本岸見一郎先生親臨高雄，以「幸福的勇氣」演講及「和平從我開始」之音樂美學心理體驗等活動，帶領一千餘參與民眾超越社會創傷的記憶，寄語和平，逐步走向自由平等的社會和諧想像。

　　2018 年，學會又以「平等的勇氣：家與工作」為主題在台北召開年會，過程中吳毓瑩副理事長和幾位理監事因而有翻譯本書之發想，之後由我聯絡作者在南伊利諾的女兒 Dr. Eva Dreikurs 取得同意，由畢業於本書作者創立的美國芝加哥阿德勒專業心理學學院之李家雯理事擔任翻譯總督，一年來譯者群經過個別的和共同的努力，除了確認語言和心理學的正確意涵外，還針對原作者舉的例子和觀點在多方查證後加上歷史或文化的註解，加上出版社編輯們具體溝通和支持，我看到助人工作者和人文工作者共同參與的具體社會行動典範。我受 Eva 之託，讀過數次譯作，心中最大的欣慰是中文本和英文本帶給我一樣的感動，相信讀者的生活和我們的社會，會因為有本書帶來的洞察而更願意選擇民主、平等與和諧的想像及行動。在此謹以羅勃‧甘迺迪（Robert Kennedy）的一段話祝福有勇氣愛自己和愛社會的讀者們：

　　　　很少人有能力去扭轉歷史本身，但我們每個人都可在小地方從事改變。人類的歷史就是由這些無數的勇氣和信念所形成。每次有人為理想挺身而出，以行動改善他人的生活，或是反對社會不公，那人就送出一小波的希望，千萬波的希望會釋出大能量，形成大浪，拿下那頑固的壓迫之城牆。

　　　　　　　　　　　　　　　　　　　　　　　　　──羅勃‧甘迺迪

　　　　　　　　　　　　　　　　　　　　　　楊瑞珠
　　　　　　　　　　　　　　　　　　　　　　北美阿德勒心理學代言人
　　　　　　　　　　　　　　　　　　　　　　臺灣阿德勒心理學會創會理事長

謝辭

在此感謝 Ross Allen McClelland 的編輯建議，其貢獻寶貴。

特別感謝我摯愛的妻子，以其智慧的引領，伴我完成此書。

——R. D.

自序

人類是社會性物種，其基本渴望是有所隸屬。人唯有在感受到自己有所歸屬時，才能發揮功能、參與及貢獻。阿德勒將這種基本渴望稱為 Gemeins-chaftsgefühl（德文），大意上可翻譯為「社會情懷」（social interest；譯註：或譯為「社會興趣」），是一種社會共融的概念，一種人能與生命潮流相融合的感受，一種關懷他人福祉的意念。一個人的社會情懷程度，決定了他社會生活能力上的意願；而缺乏社會情懷則會造就其缺陷、挫敗與病態的根源。因此，阿德勒認為不論對個人或團體來說，社會情懷是界定人類正常與否的指標。這個指標允許我們不僅只測量個人，同時也探究社會本身，也因此，阿德勒將社會情懷視為人類均需面對的一項挑戰。[1]

阿德勒提出「社會生活的鐵律」（Ironclad Logic of Social Living），解釋了所有社會互動的基本法則，如同萬有引力定律一般，不論是天外行星或地球上的物體，所有物件的移動無一不被地心引力影響；不論萬物如何努力向外伸展，地心引力都迫使萬物持續向下；不論浪頭打得多高，潮水定會回到海平面；不論歷時多久，沒有任何事物能阻止得了這浪潮。

相同地，隨著社會文明發展，當某一團體成為強勢的一方，定會造成社會不

---

1. Alfred Adler, *Social Interest: A Challenge to Mankind* (London: Faber & Faber, 1938).

穩定的狀態，不久之後，這個團體又會被另一個更強勢的族群給拉下，進而取代。阿德勒意識到「平等」才是我們生活邏輯上的基本先決要素，少了它，社會穩定與和諧便無法發生。

本書可視為阿德勒討論社會情懷概念的延伸。要為社會全體創建社會性的平等，特別是在發展民主改革的此刻，無疑是一項挑戰。發展民主改革是人們尋求社會和平與和諧的必然後果，而這項挑戰也允許每個人（至少在美國），思考自己與其他眾人平等無異。 x

當社會情懷決定了個人的生活功能，一個人對社會平等的認知和體悟便是人們在建構自身社會情懷的基本要件。然而，要掌握理解社會平等這樣的概念確實困難，這成為我們今時今日的挑戰——歷史上前所未有。唯有每個個體都能自覺與人平等所形成的社會，才有建立民主架構的能力，而民主，是我們人類經歷上的一個新里程。

在創新社會的過程中，我們目前正經歷著陣痛：苦難、困惑與動盪不安。但民主改革過程中所產生的「社會」病，無一不能透過更多的民主來療癒。許多人都曾試圖扭轉時空，希望回到過去的美好時光來解決此困境。激烈如希特勒那樣的極端行為，其種族屠殺之嘗試和失敗便是一例，想必也不會有其他野心家比他更激進。最根本的是我們需要學習如何與他人平等共處，這是我們這個世代所面臨的極端重要挑戰，可能也是最終決定西方社會存亡的關鍵。平權的社會最後是留存或崩塌，關鍵掌握在我們手上，與人類息息相關。而人類的未來，仍在搖擺不定；最後的結果，仍是未知數。

前言

在我們的文明進展歷程中，人類掌管地球的能力已經到了前人無法想像的地步。或許是人類史上首次，我們已預備好進入前所未有的嚮往之境。我們物資充沛，有生產能力來提供人們任何一切想要與需要的糧食、物品，這不再是烏托邦的夢想，而是真實的一切。又或許，這一切都能成真…… **假如**……。這裡的**假如**並不在於科技或科學上的進步：因為人們的創造能力已經解決了生活上的大多困境。這裡的「**假如**」，是在於我們能否妥善運用科技新知與成就。

假如人們能明瞭如何將自身的知識應用在對眾人有益之處，天堂就有**可能實現**。自本世紀初就開始加速躍進的科技進展真的有用嗎？是否值得前人的血汗與犧牲來促成一切？我們能否僅滿足於往昔的原始生活樣貌，那時人們的生命短暫，屈服於大自然力量之下，為其下的一個成分、一枚棋子？倘若科學上的進展無法協助我們與自己和他人和平相處，這一切又有何用？

很少人會否認，大多數的我們都感受到警戒和威脅，特別是身處在美國這「豐饒之地」上的我們。動盪與爭執、不安與恐懼，都是現代的憤怒表達。我們或許在生活中看似泰然自若，卻僅有極少數人能感受到深沉寧靜，那種有如預言家和詩人所吟唱描述般，在生活中感到內在安寧，那種在爭取心願與追尋心靈中感到滿足。人類是否沒有能力擁有這樣的生活樣貌？古巴比倫塔是否成為永遠的象徵，如同人們永遠無法觸及的天際、無法在地球上建立天堂？

我無法認同如此悲觀的結論，但現況似乎卻又支持及證明這樣的悲觀。縱使 xii
學得如此之多的人們，卻依然不明白社會生活中的基礎需求，既無法在家中和諧
相處，亦不明瞭如何養育兒女。為獲取、為成就、為征途，汲汲營營，若不沉醉
麻痺便無法享受人生。無私的愛儼然成為一門失傳之藝；有所信仰，則是陳腔濫
調；有所鬆懈，如同怠惰閒夢。人類已成為自己最可怕的敵人，我們愈是彼此靠
近，就愈是彼此攻擊、彼此恐懼。我們遠遠不如我們的祖先，他們雖然熟悉專制
手段，但也在自己的系統下清楚明白自己該做什麼、為何而做。處理人際問題的
傳統方式已不再有效，但嶄新的社會互動方式、適合在民主氛圍下的必要方式，
卻鮮為人知，至少對多數現代人來說是如此。許多現代人並不明白，也不認為自
己曾被教導過，民主思維得建立在平等關係以及認同基本平權的前提之上。因
此，他們無法平等地對待彼此，也無法基於相互尊重的態度來修復問題。若我們
對上述這些論點都抱著相互排斥的態度，又如何能呈現樂觀？

　　然而，還是有保持樂觀的空間，因為在豐足之中所發生的困厄並非偶然。相
反地，這是在文明發展**歷程**中的一個重要階段象徵。我們已經踏在新文化時代的
門檻上。

　　眼下的動盪，並不代表人類在過去近百年來毫無所獲，相反地，這些劇烈的
社會張力與衝突形成了嶄新時代的起源。我們不妨稱此刻為「焦慮的時代」。雖
然有人稱之為「原子時代」，但事實上現在應被視為「民主時代」的開端。民主
時代與專制時代的區別，在於人際和族群之間，自支配從屬轉為相互平等的關係 xiii
變化。

　　現代夫妻若是不能平等相待，便無法和平相處。又若當父母認為子女可以被
壓制時，定難相處融洽。若社群中的成員們無法感到自己與他人有相同位置時，
社群就無法和睦穩定。經理人與勞動者之間若不能彼此互敬互信，雙方就無法合
作。除非一國能尊重他國的權利與尊嚴，否則世界難以安寧。沒有國際間的自願
協議，和諧就不會發生，因為力量已無法解決衝突或對立。

事實上，我們可說是正處在一個空窗期。我們的社會已不再專制，對於專制手段也感到極度厭惡。然而，就連在現行民主發展進程下，究竟個人或群體需要付出多少，才可使眾人均能在民主社會中受益，我們都仍感到陌生。

　　在探究個人生命時，人們會發現在沉重巨大的層層天際間，自己僅是一粒脆弱且渺小的塵埃，卻得面對許多複雜費解的問題：我是誰？我有何意義？我命歸何處？在這廣大宇宙中我因何存在？是否所謂意義感僅是這一切之中的虛幻？在我與世界、國家、民族、社群、家庭、工作等之間的關係裡，我的責任義務為何？我該如何滿足這些日常的挑戰？為何許多人得不到幸福？為何挫折感如此尋常？要如何感受身旁的人對我的影響？在面對敵意和攻擊時我該怎麼做？又該怎麼對這些衝撞的脾氣保持沉默？我的權利、道德、個人尊嚴為何？這些是本來就已經存在，還是我該為自己建構？是該靠著個人力量的長處或是靠聰明地選擇夥伴來建構？是否有個普世哲學能引領我的腳步，使我與摯愛的人往幸福邁進？

　　在困惑的世界中我們需要更多指引，需要有與過往截然不同的新概念來理解這個新興世界，有別於數十年前的科學家們所理解的概念。

　　民主改革使得人們成為自我和為環境負責的催化者。人不再為侍僕：他是自己的主人，但人們卻對自己在社會中所扮演的新角色仍不熟悉，沒有意識到自己的掌管能力，也未能覺察到自身的潛能與實力。人們毫無意識，拜民主社會之賜，每個人都享有與他人平等的社會地位。在感到自卑的恐懼裡，人們試著將優越感建築在壓迫他人之上，而未意識到其實他人一直以來都與自己相等無異。人雖為自由之身，卻感受不到自由。人們必須先透過自我探索，才能獲得內在的平靜，並學會與他人和平共處。

　　這就是當代的挑戰。

自我探索

內在枷鎖

3　　在相當大的程度上，我們都決定了自己的機運，也引發了宿命。日復一日，無論好壞，我們重複著規律的日常，煲著各自的粥。然而糟糕的是，更多時候，我們不假思索地運作著，對那些可令我們做得更好的資源全然無知。大多數的我們，通常都讓那個目光短淺且無足輕重的自己來主導生活。我們可悲地低估了自己的能力，結果令這些能力「荒廢腐朽」，同時在不幸中翻滾，但明明我們可用有見識、充滿信心的自我肯定來消弭這些不幸。有些人能比其他人展現更多才能，但若多數人只發揮了所有天賦與能量的四分之一，這未免也太令人匪夷所思了。

　　到底是什麼壓抑、阻止了我們？又是什麼令我們無法想像自己實際所能的成就？對自己的偏見（prejudice）是原因之一，對自己以及對普遍人性的錯誤理解則是另一個因素；然而，阻擋我們能更認識自己、阻礙我們更善用內在資源的主要絆腳石，其實是**對自身力量與能力的信念匱乏**。

　　被催眠時，受催眠力量的影響下，我們不容置疑地看見自己所具備的**一切**，包括能力、體能、情緒或智能上，都受到一種近乎不可思議的力量控制。這種時候，我們歸因於催眠師的力量，但事實上，催眠師除了說服我們以實際能力達到期望結果之外，並無其他貢獻，重要的是身為主角的我們本身的信念。任何被說服的人在功能上也對自己具有相同的控制能力，如同催眠師施展在受試者身上的

影響一般。我們無須任何催眠師或「療癒師」來顯現這些不可思議的「神蹟」，我們只需要具備相信自己能做到的信念。

　　當然，我們確實受限於現實生活的條件，也受生活中各種事件影響，但有時這些狀態也提供了我們體驗自己真實能力的機會。雖然有些時候，生活上的局限 4 與生活事件也剝奪了這些機會。然而，真正重要的並非事件本身，而是我們對各種狀況與事件的反應，以及我們如何經驗這些事件。我們「創造」自己的經驗，並藉此運用在自己認為合適的地方。我們的反應可令危機轉為成就，或者相反，也可能令轉機成為挫敗。

　　事實上，我們不僅自己影響了這些生活狀況，也經常製造這些狀況；然而更重要的是，對於所有面臨的事件，**其意義取決於我們**。是我們自己決定要對哪些刺激事件做出反應。

　　我們並非像是一直被灌輸的，是命運下的棋子，亦非是環境下的犧牲品。我們能翻轉條件，創造局面，影響人群，引起回應；更重要的，我們都以個人特有的方式在經驗生活，並以個人獨有的方式在運用這些經驗。

自我概念的重要

　　所有行為的背後，都藏著一個內在計畫（inner plan），我們依其行動，卻不曾察覺它的存在。我們對自己的看法如何，影響了對他人與對生命的態度。這個基礎原則具有深遠的後果，唯有尊重自己，才能尊重他人；唯有相信自己，才能相信生命。我們的自我概念型塑了自身的興趣、奮鬥、感受以及行動。若能接受自己真實的樣貌，我們便不會把能量浪費在對抗自己上。這些「被省下來」（saved）的力氣能讓我們更有能量去因應生活周邊的突發事件。**我們自己才是最大的問題**。我們必須先學會與自己和平共處，接著才能以自信、勇氣和愉悅之

姿轉向世界的其他事物。

5　　我們都認識某些人似乎總是受幸運之神眷顧，也認識有些人總是被不幸與悲慘詛咒。然而，當仔細檢視所謂的「幸運兒」或「倒楣鬼」時，便能發現他們各自的奇特模式。前者對自己的能力有一定的信心並期待成功，因此他會仔細確認每一種情況，視所需狀況調整行為。他清楚知道何時該積極而為、何時又該蟄伏伺機，也知道究竟該何時發言、何時保持沉默。結果，多數時候他只要嘗試便會成功。儘管有時候他仍會失敗，但與其感覺受傷、找藉口或指責他人，他僅是簡單地重新檢視策略，修正它，再取得成功。當他的目標超出現況的成功機率，他會另待良機，同時讓自己先準備其他問題。最終，一切似乎總能如其所願。

　　第二種人，在**開始之前**就**認定**自己注定會失敗，因此他總是感覺緊張又緊繃。在焦慮下，他誤判情勢，以至於無法依照實際所需來行動。該等待之時卻積極而為，需發聲時卻保持緘默，結果是他失敗了──如同他一開始所預料的。他是自己噩夢的推手，接著他放棄了。縱使有時他可以偶然「成功」，但這突如其來的僥倖反而使他困擾，因這成功從不在計畫之中。這迫使他重新審視情況，直到他對整個問題感到更困惑混亂；然後，他就會再次失敗；一而再、再而三地失敗。其實是他的心態促成了他的挫敗，但他往往無法接受這種說法。過去的不良經驗令他逐漸合理化自己的悲觀，他**認為**要先看到成功，才能相信自己有能力取得成功──就像是在學會游泳前絕不靠近水。事實上，就算他能成就大事，也於自己無益，因為成功本身並不足以支撐他對自我力量與能力的信念，成就對他而言只是偶然的僥倖。唯有改變對自己的看法，行為才能改變。只要他持續相信自
6　己是個失敗者，他便會持續「成功地」證明自己失敗。

　　我們創造各種經驗來「證明」自認為的自己，以迎合自我概念，但事實上，我們到底是什麼？

認識自己

人人均需重視自己，這並不是新思維。自蘇格拉底宣稱「認識自己」（know thyself）是自我負責的理想樣貌與義務以來，「認識自己」成了現代人的標準處方。在今日，特別是對自己的不滿意，使得我們逐漸開始自我反思；然而我們向內探尋，卻不知該找尋什麼？我們比從前更為迷惘，不清楚究竟可以認識自己什麼、又無法認識什麼。行為科學的進步提供了大量有關心理歷程和內在運作的資訊，但矛盾的結論也產生了困惑。飢渴的人們大量吞食文獻、不斷上課、參與各式各樣關於人類行為動機的講座，期待能尋得蛛絲馬跡，卻又變得更加迷惘、不知所措。

對於自我認識，究竟我們能獲得多少？有些人認為控制情緒前必須先加以檢視，有些人則認為要修正行為。對人們的目標、概念和企圖，這兩種說法都難以窺得全貌，究竟我們是否應該認識自己，或者是否具備能力去認識自己，這都令人懷疑。然而，依然有許多人耗費大量的時間與力氣僅為認清自己，他們不明白若要認識自己，必須先忘卻自己，唯有如此才可能「尋得自己」；唯有透過行動的過程，才能展現出真實的自己。

然而我們是什麼、擁有什麼特質與性質，其實並不那麼重要，更重要的是我們如何加以運用。相較於一個孩子出生時具備什麼才能，遠不如他之後如何運用這些天賦才更重要。我們的心理學是拿來思考如何「使用」的心理學，而非用來思考我們「擁有」什麼的心理學。

我們可能會忽略了發展自己的最佳潛能，或者在某些曾經令我們感到先天缺陷（innate deficiency）的領域中，依然可能達到巔峰。現階段的表現並非潛在能力的測量指標，也無法預測未來的表現，事實上，大多時候我們都明顯低估了自身的能力。

我們可以怎麼認識自己？我們能否分析自己的情緒，甚至分析夢境？有些人認為可以，但是我們有理由懷疑其可行性。我們或許知曉自己的想法和感覺，並用來「解釋」行為，但大多時候我們其實不清楚自己行為意圖背後的真正理由——我們的動機，特別是試圖要解釋行動裹足不前或窒礙難行時。

於是我們的生命繼續前行，不清楚自己的力量，牢記著自己的限制。對我們所能為者，視為理所當然；對不能為者，誇大、渴慕。

對自我的偏見

我們習慣性地低估自己，其實是源自內在深處的自卑感受（inferiority feeling），它既是因，也是果。因此關鍵的問題是：「我們能否克服自卑感受，克服這並非客觀測量出的預先假定？」若能夠，又用何種方式做到？首先，得先清楚明白自卑感受是種**對自我的偏見**（prejudice against ourselves）。我們藉由自創的錯誤自我評估，**假定**自己的自卑與不足，接著我們開始害怕會挖掘出更多其他假定性或真實性的（但可能也是過分推測的）弱點。我們驚慌地隱匿著愧疚的祕密，縱使不太清楚這些祕密到底是什麼。最後，當我們忙著向他人隱藏自身匱乏的同時，也再次確認自己的拙劣，周而復始。縱使與常識或現實自相矛盾，我們仍重複著相同的失誤來「印證」自己的低自尊。

我們先是創造了一個灰暗悲觀的預測，並在驗證它之後，繼而利用先前的失敗做為更悲觀的預測基礎。所幸，當看透這個動力模式之後，便能引導出讓我們逃離這種惡性循環的方法。這樣的理解有助於鬆動我們的自卑感受，同時也增加自我價值感。

純粹的爭辯無益於克服偏見。人們都有一套自己演繹歸納的邏輯思維來支撐這些偏見，也用強烈的情緒在掩護這些邏輯。然而，偏見仍然可以克服，也有許

多成功的例子已經印證這一點。克服偏見的前提是要先能覺察到我們的偏頗，再來，要有意願去重新省視那些原本用來堆砌偏見的真相；第三，是能意識到相較於維持保留過去的看法，改變這些看法才是利大於弊。唯有能夠看見真正改變心意的可能性，重新省視真相才可能帶來有利的結果。

上述的過程能用在對抗包括階級、種族、性別或宗教等各式偏見上，同樣也能應用在對抗自卑感受，亦即用於對抗自我偏見上。各種心理治療型態都試圖要矯正這種偏見，部分的治療取向會用較迂迴的方式來處理這個問題。不論何種治療形式，包括科學、宗教或各式各樣的取向，所有「治療」或改善的基本元素都在消除自卑感受，恢復病患或個案的自信心。任何有效的治療或「修復」都在提供力量和價值的體悟，而這對幸福與勝任生活功能都極為重要。

我們夠好嗎？

要我們相信對自卑的假定僅是「偏見」為何如此困難？對此，我們的僵化其實不難解釋。自童年時期開始，我們就不斷學到「我不夠好」。只有成績更好，學得更多，做得更棒，獲得更多特殊才藝跟技能，才會覺得自己「上得了檯面」或是「有價值」。傳統教育模式強化了這個負向價值觀：幾乎沒有任何人能**單純當自己**就夠好了。我們延續著這個傷害性的訓練，在謬誤的假定要求下，持續相信成長和進步需源自對自己的不滿意。固然，在少數例子裡自我評價的驅力**或許**能刺激長進，但在所有的例子裡這種負向需求是不必要的，而且多數時是極具破壞性的。

信奉刻苦耐勞的人其實有所誤會：因為學習與成長是可以透過愉悅的活動、透過具有熱情的投入和效能、透過玩樂並充滿樂趣的付出而達成的。相較於那些要在證明自我價值中不斷掙扎的人，任何一個確信自己也滿意自己能力的人，都

有**較好**的表現。當然，有人可能會問，難道不會因為害怕自己毫無價值，而成功利用這些擔憂帶來補償性的努力嗎？對此我會如此回答，可以——但這**僅僅**在於個體對自我能力**已有所相信**的有限範圍中。能引發我們成功奮鬥的是勝任感（feeling of adequacy），而非無能感。

那麼究竟為何我們總是認定相信自我有礙自我成長，也認定自我懷疑才是必要的激勵？大多數的我們對已有的能力視為理所當然，且對所缺乏的能力更加重視。藉此，我們以自身缺陷（deficient）來維持自己的恐懼。我們只會為了鼓舞已瀕臨危險的自尊而對自我成就感到驕傲，也認為任何新的努力都可能自曝其短。因此我們永遠無法享受當下的能力與現階段的成長，因為前方總是長路迢迢，而一路上也沒有任何寫著「最終成功」的路標。

但最終的成功並不存在，解決一個問題的方法往往會衍生出另一個問題，而每個新問題又會變成對能力與價值的新「試煉」。我們的行動反應像在求學時面對不斷循環且逐漸困難的考試般。如同早年師長們不停地對我們檢核測量，如今我們也不停地對自己檢核測量。我們到底值得什麼分數？不到成績出爐前，我們不會知道，接著又到下一次考試，再下一次，周而復始。我們對自我價值永遠存疑，永遠需要一再被肯定。

這真是令人匪夷所思！人類的價值與每個單一事件是獨立無關的。不幸的是，僅有少數人明白這個道理。我們一直受制於尚未發生的榮譽榜或鄧斯帽（譯註：昔日做為懲罰成績差的學生所戴的一種圓錐形紙帽），用來評價自己，而我們也大多都懷疑自己會是劣等生。這種經常懷疑自己下次是否有能力「合格」的狀態，開始被視為真的自卑不足（inferior）的證據，於是我們更無法認真投入去消弭自卑感受。

要脫離自卑感受的第一步，就是認清對自己抱持著偏見的這個事實。第二步，需要我們一次又一次地捫心自問：「我**真的**是不足以勝任或無能嗎？」對那些認為只要比所謂完美略少一點就是「能力不足」的人，這是個使他們生厭的問

題。這類人缺乏「不完美的勇氣」（courage to be imperfect）。然而，完美是種烏托邦式的迷思，現實中並不存在。任何人所做的每件事情，都可能會有人做得更好。既然如此，大家都算是無能嗎？最出色的天才曾完成的最非凡成就，最終都有其他人能再改良、改善，難道這就代表最原先的貢獻較不值得嗎？**不論我們貢獻了什麼都有其用處**。有用處的本身，就賦予了生命意義。然而光是有用處，並無法滿足我們這個極度飢渴聲望的世代。我們都必須要「更好」，而且不論做 11 什麼都一定要更好；否則，我們就視自己為失敗者。

成功與失敗

　　拋開現代人對成功與失敗的癡迷，是讓我們鬆綁自卑假定的第三步。無人能確保持續成功或保證能對抗失敗，然而對社會地位如此沒有安全感的我們，已經到了抵死害怕犯錯的地步。但是人無法不失誤，人性上我們不可能避免犯錯。當然，我們都應該能付出合理的努力來避免錯誤，但缺乏相信自己有能力避免恥辱的錯誤，又對後果感到恐懼，才是許多不必要的錯誤的主因。不論愉快或痛苦，我們都在往自己預設的方向移動。

　　若能帶著自己的錯誤大步邁進，同時不害怕**有損地位**，我們便能具備更佳的表現能力，且實際上也更少失誤。在許多情況裡，犯了**何種錯誤**的重要性，遠不如於犯錯後的**作為**。若失誤後我們不讓自己感到氣餒、羞愧或難堪，則可能更有力氣去修復錯誤，有時結果甚至會更優於原先的毫無失誤。

　　矛盾的是，我們賦予「成功」過度的價值。對成功的強調與對失敗的恐懼是一體的：在面對可能失敗的威脅壓力下，我們對成功的罣礙阻礙了表現。與其只要盡力去做，「眼睛盯著球看」就好，我們往往更關注表現不佳時名聲受損的可能，因而受到干擾。我們失去了生活的樂趣，失去單純做事的趣味。雖然我們認

為這些擔心能刺激能力，實際上卻是削弱能力，而憂慮扼止了我們達到成就時那珍貴而短暫的片刻滿足。在任何活動中灌輸成功與否的意念，都會危及活動本身。人一旦將自己的注意力從任務上移開，並自問：「我做得好嗎？」他的關注與精神也會一併從任務上移開，並轉移到對自身能力是否足夠的議題上。要能勝任任務的最佳動力，是在執行當中所獲得的滿足感。

阿德勒（Alfred Adler）總是如此指導他的醫學院學生：盡力去做，同時坦然面對後果，拋開成敗中的個人利益。若你試圖想格外成功，阿德勒說，你就成了只為在病患面前施展能力的僕役。

一心想**證明**自我價值的人，必將發現自己無物可證：因為他對自我價值已經有所懷疑，否則便沒有證明的需要。隨著他對自我的懷疑，不論面對什麼，總會持續注入他早已認定的負向評價。縱使他偶有成功，也會將這次功績視為單一例外，難以留下深刻記憶。那些「應驗」我們已深信之事的經歷，大多會令我們留下主要印象。就像一個認定自己情場失意的女人，會忽略許多讚美她的人，掛念那個忽略她的男人。

試著要證明自身價值是完全無用的，對懷疑自我的人來說，沒有任何證明能帶來長久的自信。任何微小的情境都能成為不確定感的考場。縱使如睡覺、思考、寫出自己的名字等這類人人都能做到的事，一個無法自我確定的人也會找到機會來「考驗」自己的能力。接著，他的自我擔心便開始干擾這些簡單的日常功能：他無法好好睡覺、無法好好思考、無法不顫抖地寫下自己的名字，有缺陷的表現成為他說服自己無能的證據。

通往內在自由

———

第 2 章

當我們如實地看待自己，或是看著那個我們認為的自己，要假定人們能永遠　13
自由，似乎就顯得荒謬了。無須受到自我懷疑和恐懼的束縛，能自由地感受、思
考、自主行動——這夢想多麼美好！但這夢想很快又會被「現實」戳破！似乎人
們需要深切且本質上的改變，才有可能在更廣闊、更光明的世界行動，而這改變
不僅是發生在我們自己身上，也必須是在人類群體中的改變。這變革的不可能性
則成了人們的夢魘。

難道，我們不都曾企圖甚至奮力嘗試克服自己的脆弱、消弭過錯嗎？看看現
在的狀況，人類又回到了起點：困頓匱乏又自我攻擊，不肯也不能為自己和他人
的最大福祉而努力。看看人類的現況：社會適應上我們並不優於數千年前的古都
子民，犯罪猖獗、戰爭肆虐，這如同狗咬狗般的現實社會沒有比古早文明更加祥
和。苦痛甚至血腥的社會政治衝突沾染記錄歷史的篇章，這並非夢境，卻如同噩
夢般。我們的詩歌與樂章中也未曾有過如此刻骨銘心的苦痛。

莫非暴力衝突是人類本性真相的一部分？難道伯恩斯（Burns，譯註：十九
世紀的著名蘇格蘭詩人）說得對：「人，生來注定哀傷」？我們能否更正向地影
響社會秩序與自己？這個答案——我們的答案——決定了人們究竟會踏在災難
的邊緣？或是立足新文化世代的開端？

我們能否自我影響？

　　能確定的是，人類至今尚未實現先知彌迦（Micah）的應許，也未達成其他關於和平的預言和協議，我們都辜負了實際能力所能成就之事。從許多角度上看14 來，我們背叛了自己的理想，對社會有所虧欠。縱使許多人真心希望能「改善」自己，卻鮮少成功。這是否表示自我改進過於艱難，彷彿難如登天？又或者我們較少成功的經驗，是由於錯誤的自我督促方式所致？似乎我們就是無法單純地往希望的方向成長，因此，我們反覆擊潰自己。倘若一開始就學會該如何看待自己，或許我們努力「好好管束自己」的結果會有所不同。

　　在這個日益民主化的時代，當我們不再依賴威權者命令我們該怎麼做，強迫我們「要乖乖聽話」時，關於該如何看待自己的問題已採取嶄新的層面。如今我們知道威權者的控制大多時候是為了自身利益，然而多數的我們卻沒注意到，他們用來讓我們乖乖聽話的手段其實已完全失效。承諾和威脅、利誘和嚴懲等，這些貴族政權者們或獨裁者們的主要控制手段已不再有用。發給和自己平等的同輩一個「乖寶寶勳章」，對他是種羞辱；懲罰他則是殘暴且荒謬沒有道理。讓我們想像一對一模一樣的雙胞胎，其中一人對他的兄弟說：「如果你今天當個乖孩子，晚上我就給你一顆糖；如果你不乖，我就打你屁股。」在這人人主張社會平等的時代，我們拒絕接受有人自以為更優越而任意獎賞或責罰我們。

　　諷刺的是，雖然我們無法愉悅地回應那些霸道的手段，卻會加諸在孩子身上；而更諷刺地，我們也這樣對待自己。我們會對自己說類似這樣的話：「如果我到春天還能維持新年計畫，就允許自己買台露營車。若我在今晚派對上醜態百出，就不允許自己去釣魚。」甚至，更普遍的像是：「我應該用脖子上的圍巾來15 好好看管自己，**強迫**自己挺起腰桿，讓自己行為端正。」然而這便是失敗的所在，這個方式已經過時了。我們無法**強迫**任何人做任何事，就連我們的孩子與自

己也不能。要成功地影響任何人──同事、孩子或自己──必須順應時代的更迭來調整影響他人的方式。而不論我們希望要影響誰，都應使用相同的新策略。

不幸的是，雖然已發展出許多新穎、可行的方式，卻尚未廣為人知。當這些更被開拓且精緻的新知概念成為普遍常識時，未來世代將極有可能預備得更好，活在真正的民主氛圍下。而**今日**，藉著學習阿德勒和其追隨者以及其他人道主義心理學者所發現的論述與觀點，並運用這些民主互動及影響的原則，我們依然可以活得更完整、自由。

在這裡要先提醒的是，若需分析、改變一個人的基本人格特質，必然需要外界專家的幫助。少了這層協助，便無法有意義地再檢視自我概念（self-concept）、生命風格（life style）、生活動機（motivation）。然而，我們可透過一個新的心理取向，帶來生活功能上的大幅提升。協助這部分的重新定向，便是本書的主要目標之一。

傳統上，人性一直被以稀奇的二分法視之；換言之，人格特質被看作由許多相對的部分所組成。這些「部分」被認為獨立運作，因為它們**看似**如此。心智與身體看似各司其職：「精神堅強有意志，而肉體脆弱」。理性和感性也看似相互牴觸；意識（conscious）與無意識（unconscious）似乎永不相逢；規範與行為看似彼此衝突。我們一再地主觀認定這類假定，經常有種被內在力量四分五裂的感覺，普世對善惡的道德觀更強化了我們隨處看見兩股相斥力量的傾向，特別會是由內在感受到如此，人們對上帝與惡魔的概念就是例子之一。現行的精神分析理論也同樣支持此概念，佛洛伊德式的人性觀點中，超我（Super-ego）、本我（Id），和意識、潛意識相同，被視為人性中的善與惡，而可憐的自我（Ego）夾在中間，不斷地被上下兩股力量壓迫。

只要持續使用這種傳統二維式思維看待自己，我們便不可能取得適切可行的自我形象；而如此的形象，對下一步通往更寬廣的內在自由，並醞釀出「自我改善」（self-improvement），至關重要。這下一步即是：「自我接納」（self-

16

acceptance）。自我接納不代表棄之不理或停滯不前，而是指接納並享受「正在」通往「改變」的道路上。要如實地接納自己，必須意識到我們身上的每一寸都是自己的一部分，而非異物；認知到**我們**對所有發生的一切有責任；意識到我們有能力引導一切；甚至，要清楚我們**確實**在引導，**從未停歇**。

我們利用心智與身體、思想和情緒，以及所有的一切，來達成某些**我們**為自己設定的目標。**我們甚至決定自己想要知道什麼，以及想將哪些封鎖在意識之外。**但倘若我們連自己無法接受的需求與想法都搞不清楚，又如何能「壓抑」它們？然而，因對個體存在的整體性毫不熟悉，我們只有透過較高意識的想法和感覺來辨識自己，並將這些視為「真實的我們」。我們在心中設立一套階層制度，在其中感受到一些確切是「我們」的部分、一些較模糊的部分，以及其餘那些更陌生的其他部分。這使得我們難以完全意會，**事實上，一個人一直都全盤掌握著自己的內在，他的「自我」（ego）控制了全部一切。**雖然我們的身體可能受外在因素干擾，在違背我們的意願下遭遇疾病與傷害，而我們的復原力（regenerative forces）並無法「自然」運作，意思是，無法如許多機械論者假定般的能「自動」復原。我們心中的自然力量由**我們**自己驅使，**我們**引導這些力量使其變得有害或有益。當我們真心想望時，甚至會精準地做到隨時都能決定何時躺下並長眠。相反地，我們也能戰勝生命，抵抗那幾近微乎其微的機率——在我們真心想望之時。[2]

我們才正要開始體認到自己對心智與身體有極大的掌控，不幸的是，現代思維對人格統整性的理論往往有誤。舉例來說，身心醫藥學（psychosomatic medicine）依然將身與心以二分法看待，通常忽略個體的統整性（unity），認為行動的起始來源是股**驅力**（force），而非人類自身。情緒驅力被認為影響心理歷

---

2 澳大利亞原住民的「指骨術」清楚地展現決定生與死的力量。在對罪犯宣判死刑時，當地長老會以袋鼠骨指向他，宣稱他將在三天內死亡。接著，如同被告知的，該罪犯將會在三天內死亡。

程，反之亦然，彷彿情緒可以自行啟動一般。當這種理論被破解後顯得毫無道理可言，但在表面上還是有些真實性。有趣的是，我們可以在某些宗教中看見它們對於個體完整性（totality of the individual）概念的掌握，例如基督科學教派（Christian Science）等，即便他們的陳述方法並非使用科學性語言，而是將治療效果歸因於靈性介入；若翻譯成較實際的詞彙，基督科學教派所稱的神力，可被視為人自己的內在資源（inner resource）。

有別於身心醫學，整體醫學（holistic medicine）提供了一個新的樣貌，認為生物體內的功能是相互交錯的。整體，超越了每個局部加起來的總和；沒有任何 18 局部現象能解釋完整的功能。

然而，我們尚未發展出能完善使用整體醫學的範疇，因此必須先暫時接受這種二分法的說詞，做為必要妥協，先傾向假定自我內在的每個部分都是單獨分開的，兩兩一組，相互交錯影響。「自我影響」（influencing ourselves）一詞預先假設了每個人都有這兩種部分。只要在這個假設下運作，我們便會持續尋找「與自己打交道」、「與自己合得來」，或是「與自己和平共處」的方法。只要持續對自己「有意見」，這些意見就能決定我們更靠近或更壓抑使用內在資源的能力。最終，個人是否充分認同自身為一完整性生命體，直接或間接地，分化了我們有效使用內在資源的方式。與自己打交道的方法有效或無效，能依採取的策略方向加以衡量：這方法能否帶領我們邁向更深的自我認識，認清自我為完整的個體、無法分割？還是它會讓我們更加專注在人格中每個分開獨立的部分，離間自我「意識」與其他部分？**無論是什麼加強了個人的整體性感受，這也同樣會加強他生活功能的能力與感受良好的能力。而無論是什麼強化了個人認為自己由各種元素所組成，或是由各式善惡力量所組成，這類知覺感的加劇則會危及他的幸福與表現，也阻礙了充分使用內在資源的能力。**我們可以利用這個測驗來觀察對自己的態度，並評斷究竟需要重新思考哪種思維。

自我攻擊

多數對自己不滿意的人——我們誰不曾如此？——都會落入一場無用且危險的戰爭，便是試著「控制」自己。而當這些努力失敗了——如同我們必然看到的那樣——失意的犧牲者就更積極渴望再嘗試，然後又更痛苦地失敗，直到接踵而至的惡性循環帶來更徹底的消沉失志，最後對自我的「權能意志」（will power）不足深信不疑。這如無間地獄般（譯註：原文為 Tantalus-like，傳說坦塔洛斯是希臘神話中宙斯的兒子，因為藐視眾神後被打入冥界，令他有水不得飲、有果不得食，同時接受永世的恐懼輪迴）注定的掙扎是由數個謬誤假定所產生的。

我們對自我控制的嘗試源自兒時，當首次被教導要「控制自己」開始。隨著專制的慣例，父母與師長試著在孩子心中建立一個代理權力來執行他們的要求，製造強烈的理智良知（conscience）來壓制任何反社會衝動，因此自我控制成為一個格外重要的價值。由於自我控制有時看似很有效益，使得這潛在的謬誤難以被發現。我們不也都曾將心裡的惡魔扭倒在地，接著心中湧現一股勝利與「道德」（virtuous）？我們當然都有過這類經驗。但在這些例子中，我們其實無須經歷恥辱之爭而勝利，無論如何都能夠合乎「道德」。**唯有無須如此努力，在自我控制上的努力才會成功。**我們看似真實的偽掙扎隱藏著簡單的事實，即是只有在我們願意的時候，只有在決定要行為「恰當」時，才會跟隨良知的腳步；否則，我們要控制自己的氣力不過是種故作姿態，只是為了讓我們在使「壞」前後看起來「好一點」。我們反覆重演在西方宗教與文學中被神話的老戲碼：抗拒—讓步—後悔（resist-yield-repent）。在我們的內心小劇場裡，良好意圖（good intention）為我們的自我幻想（self-delusion）奮力演出。良好意圖在第一幕以英雄般掙扎之姿無聲登場，再在第三幕中呈現愧疚（guilt）深淵。我們發展出罪惡感（guilt feeling）以展露本就空泛的良好意圖，寧願責難自己也不想亡羊補牢。

關於下述事實我們都顯得無知，成人與孩童皆然，事實上我們只做自己願意做的，也未能發現如實地做對的事並無須自我控制，只需要**真誠的**意圖（sincere intention）。所謂缺乏自我控制，不過是虛偽與真實意圖之間的區別。

強調控制反映出另一個基本的錯誤概念，如同父母需要分辨控制孩子和影響孩子兩者之間的不同，我們在面對自己時也需要加以辨別。任何試圖想自我控制 20 的操作，都是人類陳舊的運作模式，是一種阻礙人性且毫無用處的作法，顯露了對自己的不信任，彷彿存在身上的事物全都低下劣質且無法信賴。事實上，要控制這己身之外的自卑感受是白費氣力，**因為它並不存在**。身為不受約束者，也身為全然完整又相互連結的一個整體（single unit），我們每個人都按照喜好在當下行動，並非絕對依照常識（common sense）或良知來進行，而是根據私有邏輯（private logic）。關於私有邏輯，稍後會多做說明。

所以自我引導（self-direction）的實情是，我們若能及早認清人類是做出決定的獨立個體，則影響自己的能力便愈完備。「恣意妄為」的人如同約束自己「不良」衝動的人一般，都是按照內心所欲來行動。假定人如果無法自我控制便會為非作歹，造成文化道德淪陷，顯然是徹底缺乏對人的信任。

有些人唯有在經歷嚴厲的自我控制訓練之後，才能在「誘惑」的情境下循規蹈矩。偶然成功的自我控制使得這個議題更加複雜，這些人似乎從不明白為何自己有時一次就成功，卻常在其他時候失敗，但這些偶然的成功似乎也合理化了他們的策略。事實上，這偶然成功的自我控制是種聰明的計謀：利用「證明」控制的存在，提供許多控制失敗時的藉口，而這時人們就可以怪罪是意志力不足所造成的失敗。

然而，意志力並不存在。在受限的處境下，人人都有做決定的力量。但是假定意志力存在，而且程度因人而異，確實是個有效率的詭辯，也令我們難以放棄。這樣的偽裝允許人們任性妄為，同時又可以裝無辜，因為我們只是「不夠堅 21 強」才反其道而行。但脆弱的人真的脆弱嗎？這需要一些心理敏感度才能看見，

這些所謂脆弱的人其實是讓身邊所有堅強的人來為自己效勞。脆弱才是叛逆、武裝及要求最強大的手段之一。不論對手多強，弱者無須屈膝，只需要求就能抵制對方。

意志脆弱是蒙蔽的表象，意志的力量同樣也是。後者僅提供表現優越，可以用來自誇，覺得驕傲。一個成功控制自己的人要的是能展示自己優越的特質，讓自己成為有能力的榜樣（這是現今最受歡迎的男性目標，因為男性一直受困於要對女性證明自己的優越性）。

人們對意志力愈來愈感到困惑，因為我們無法分辨自己認為想要的和真正想要的，同樣地，也無法辨識自己看似想做的及事實上真正想做的。**真實的意圖會透過行動顯露**，觀察我們的行為，就能道出內心真實的渴望。

舉個例子，一位女性看見一件非常「想要」的春裝外套。她走進店裡，試穿之後發現非常合身，簡直就是她夢想的外套。但詢問價錢後發現，要獲得這件外套得犧牲掉所需的冰箱，甚至犧牲掉暑期假期。她考慮了一下，在一番天人交戰之後，她決定不買這件外套，但從此以後，每當經過店門口看見櫥窗裡的外套，她便覺得「心在淌血」。

她真的想要這件外套嗎？當然她希望擁有它，但在現有的條件下，**她並不想**
22 **要這件外套**，縱使她仍然希望擁有它。她的**決定**代表了她真實想要的；她的行動是其**意圖**的證明。這不用也無須自我控制，她願意付出代價，就會買下這件外套：做她想要的。我們所有人也是如此，若我們決定付出代價，就會做出常識或良知認為**不可為**之事，否則就可能都會做出俗語說的：「害人不成反害己。」

我們常感受到的內在衝突並非是想要和需要之間的拉扯，而是掙扎於得付出什麼樣的行動代價來換得什麼樣的後果。我們會預估哪種選擇對自己更有利於解決這個議題。「與自己的戰爭」是種假演習，阿德勒會說是種「旁門左道」（sideshow），在其中我們偽裝成無知與良好的意圖。以下的簡單比喻證明了這種「內在掙扎」的荒謬性。

試著用一隻手抓著另一隻手，然後**用盡全力**，將左手往右拉。拉得愈大力，手臂會移動得愈少。若是要移動手臂，其實可以毫不費力地輕鬆做到，只要不施力。**施加力量同時也預示了反向抑制**，沒有強力的反作用力，便沒有強力的拉扯。

在對待自己時，我們感受到自己的用力，是因為同時也在施展反向拉扯，這在所有功能中均是如此。我們愈用力「強迫」自己，就愈對自己該做的感到力不從心。

這將對日常生活產生深遠影響，我們的許多缺陷就是對自己誤用力量的直接結果。所有的神經質症狀都是藉著對其攻擊的過程來維持與建立，因為所有我們要鉗制的事物都會從而被增強。我們可能因為受到刺激或擔憂某些問題而整夜無法入眠，但在我們強迫自己入睡之前，失眠並未開始。這就是為何緊張症狀一旦萌芽就難以克服；一開始，當我們希望從某些任務中脫身，這些症狀就被無意識地「安排」在危機情境中；接著自此之後，我們試著透過**抵抗它**來擺脫干擾，也因此強化了症狀。以下這段小故事可以描述這點。 23

曾經有位名巫師，能點石成金，化水為瓊漿玉液，將生物轉做其他，甚至將人變為動物。一位國王聽說了他及其神奇的法術，便邀請巫師進城堡。國王宴請巫師，接著帶他到私人密室中。在那裡，他問巫師這些傳說與法術的真實性。

「是真的。」巫師說。

「我想要，」國王說：「學一學法術。可以嗎？」

「那得看狀況。」

「如果是價錢問題，」國王說：「我願意給你我王國的一半。」

巫師考慮了這個令人滿意的提議。「但要學會法術還有另一個條件。」

極其渴望的國王願意付出任何代價來滿足條件。

「你曾想過鱷魚嗎？」巫師問。

不，國王不曾想過。

　　「那沒關係，」巫師道：「因為這就是學會法術的唯一條件，那就是絕對不要想到鱷魚。」

　　想當然耳，國王沒有學會魔法，因為自此之後他所想到的就只有鱷魚而已。

　　這個故事顯示了任何試圖靠著打擊自己來「控制想法」的後果，所有緊張性干擾都是透過這種方式產生並維持的。如果我們能說服病人刻意製造更多或加重自己的症狀，反而會立即平息這些症狀。這個過程我稱為「反建議」（anti-suggestion），它會帶來戲劇化的結果，不只是在治療中，也在任何過去我們試著要影響自己卻失敗之處。[3]

　　這個過程的重要性縱使再高估也不為過，它顯示出只要我們知道如何發揮，便會在自我功能上有極大的影響力量。我們只需與一直以來正在做的行為反其道而行即可。解決方法如此簡單又顛覆，以至於我們常常無法相信能掌握自己的行為和情感。

　　這種奇特的力量原先是在探索暈車暈船病中發現的。若是你對某人承諾，只要每次暈車暈船時就給他獎賞，他從此就不「能」再犯暈病了。

　　一群小孩被帶去搭公車出遊。其中有許多孩子在之前類似的旅途中暈車過。這次，對孩子們承諾只要有人暈車就給他一塊美金，結果無人暈車。

　　接著，我們發現對所有神經質症狀都可以運用相同原理。例如，告訴一個深受失眠之苦的病患他可以整週整夜都保持清醒。但當他下週回診時，卻回報每夜都能入睡，而且連他自己都感到非常驚訝。他無法理解早先每晚都無法闔眼是怎麼回事？

　　在試圖從某些疾病受益的病患身上，這個伎倆有時會弄巧成拙。

　　一個嚴重結巴的少年發現自己搭公車時忘了帶錢，後來少年走向司機，以為

3　維克多・弗蘭克（Victor Frankl）稱這種機制為「矛盾意向法」（paradoxical intention），而奈特・杜萊帕（Knight Dunlap）稱為「負向練習」（negative practice）。

司機看見自己的難處會同情他，讓他免費搭乘。但當他走向司機時，卻發現自己竟然不結巴了。

恐懼的謬論

恐懼（fear）是我們身上最常見的惡性攻擊刺激來源，害怕若無法控制自己的身心功能時會發生什麼事。

恐懼與焦慮看似占據了多數現代人，至少在大都會地區中是如此。很少人會否認，我們這一代確實是恐懼的，但他們會補充，難道我們沒有理由害怕嗎？有誰能夠在察覺到經濟的不確定、政治的動盪、戰爭和破壞的持續威脅之下，而不感到害怕？

實際上，當危機如此之大，我們卻較少因其感到威脅，反而是更擔憂於預先設定好可能的個人失敗，以及這些失敗會對社會地位造成的災難性後果。毫無疑問，實際的危險鮮少造成任何恐懼的感受，生命威脅與貧窮可以在沒有恐懼反應下被經歷。我們不確定未來是否成功，也不確定自己是否具備維持社會地位的能力，才引發了現代生活中普遍存在的焦慮。

人們普遍認定恐懼是避免危險的必要手段。實際上，情況剛好相反。恐懼不 26
但無法消除危險，反而會增長危險。一個要過馬路的人，不必擔心自己會被車撞到就能安全通過，反倒是會擔心的人比較容易遇到這類意外。身處危險之際，恐懼反而會剝奪我們的平衡，使我們失去明確評估險境的能力。然而，我們必須辨別**真實的危險**與**想像的危險**兩者之不同。當我們想到未來可能的險惡時，恐懼是常見的，就連過去的經驗都足以令我們顫抖；相同地，當我們見到他人有危險時，也可能會感到格外害怕。但當我們自己在危機之中，恐懼多半不會湧現；在當下我們負擔不起恐懼。是有危險的念頭刺激了恐懼，不論是在可怕的經驗之前

或之後。

　　有首德文詩描述了一個男子的故事，他住在位於德國、奧地利與瑞士之間的博登湖旁。半夜時，因為孩子急需看醫生，於是他跳上馬，騎到下一個城鎮；暴雪阻擋了路途，使他迷了路；然後他看見遠處微弱的光線，於是盡可能地快馬加鞭，最後終於抵達微弱光線的房子旁。當他發現自己穿越結冰的廣大湖面後，便精疲力竭地死亡了。

　　面對突如其來的混亂困境時，我們都可能是以驚嚇反應（shock reaction）來回應。但驚嚇反應使我們跟任何恐懼感受保持距離，取而代之的是錯愕與麻痺。在一定的情況下，當下的驚嚇可能會被用來維持神經質性恐懼（neurotic fear）。它的功能並非是讓人和起始原因做連結，而是讓人抽離某些危及生命安全的狀態（這是「厭戰症」〔battle fatigue〕的普遍機制）。

27　　恐慌（panic）是另一個在面對危險時的情緒反應。恐慌反應的發生，以及我們認為危險並不會誘發恐懼的陳述，看似相互矛盾。對某些人而言，在特殊情境下危險會引發恐懼，接著他們甚至對沒有真實危險的狀態也會感到恐慌。這類人在這樣的架構下運作：為了安全起見，自己必須控制一切。除了自己，他們無法相信其他任何人，甚至對照顧自己的能力也有所懷疑。結果，在面對任何「失控」的狀況時，都用恐慌來回應。在許多例子中，真正的危險是恐慌反應所帶來的後果，而非原因。對災害的預期心理會帶來恐懼，接著導致帶來損害的恐慌。

　　恐慌意味著對注定的災難深信不疑。有些人總會遇到許多不可控制的情形，感覺迷惘，因而經常感到恐慌。然而，當發現自己處於絕望的境地且無處可逃時，任何人都容易感到恐慌。

　　有另一個論述可能帶來「恐懼會強化避免危險的能力」這種錯誤印象。即是許多人在面對可能的危險時，大多顯得掉以輕心且渾然不覺，直到他們被恐懼徹底震撼，才會變得警惕小心。許多司機只有在親眼看見或經歷過車禍後才變得小心謹慎，而且也不會維持太久。經驗老練的演員要感到怯場才會有最佳表現；阻

礙最佳表現的絆腳石往往成為最重要的墊腳石。這類例子不也反證了恐懼並無效益的假定嗎？其實恐懼只會對需要的人們才有效——**依照這些人自己的決定與選擇**。當演員將觀眾視為一大挑戰時，才會使出渾身解數，只有在危及他們的名聲時，才有意願去熱情切實地扮演自己的角色。他們**利用**有危險可能的假定來成就自我的目的。

在此，這使我們明瞭了人們普遍製造讓自己害怕的能力。首先，我們需要區 28
分實際經驗到的恐懼，以及口語表達「我擔心……」兩者的差別。後者顯示擔憂多於恐懼，也暗示了一般的看法。而相反地，恐懼並不是一般性的情緒，如同許多其他的強烈情緒一般，恐懼的主要功能是在人際關係中運作。

恐懼幾乎是所有孩子時不時就會利用的武器。孩子發現只要對父母展現自己的脆弱，就最容易得到父母的幫助。一個對自己沒自信又被寵壞的孩子，可能會在面臨輕微壓力時驚慌失措，並讓自己陷於瘋狂驚恐的瞬間，即使他要承擔的壓力可能還比不上暫時獨處一會的壓力總和。這與嬰兒因為巨大聲響或突然失去支撐時而顯現出來的驚嚇反應完全不同。不論是噪音或失去支撐，都不會導致恐懼的反應，除非父母對孩子的困境「適時地」留下深刻的印象，並小題大作地回應，以至於孩子發現「恐懼」是能獲取父母持續關注和服侍的完美手段。臨床上也不斷發現，當父母不再注意孩子的恐懼並停止有所回應時，孩子的恐懼便會消失，而這些測試也反駁了孩子的恐懼「來自於」不安全感或實際驚嚇經驗的假定。[4] 如果這個假定正確，那麼當父母認清孩子的恐懼其真正目的是在吸引父母注意與要求服務並進而拒絕回應時，恐懼應當不會永久徹底地消失。

在面對威脅到我們地位的艱鉅任務時，恐懼是逃避的有效途徑；它是神經質（neurosis）的基礎，也普遍運用在人類的一般活動範圍中。它可能引起人們特 29

---

4 過去的案例記錄在魯道夫‧德瑞克斯（Rudolf Dreikurs）與維琪‧舒茲（Vicki Soltz）所著《孩子的挑戰：不動怒，不當孩子的奴隸，一樣教出好小孩？》（*Children: The Challenge*. New York: Hawthorn Books, 1964），中譯本，周晃秀譯，書泉出版社。

有的努力與全神貫注，也可能使人繞道而行，退縮撤退，或是增強別人同情和支持自己的需求。甚至，當我們為恐懼所苦，也相信自己希望不受恐懼束縛的同時──有時候──我們也充分濫用了自己產生恐懼的能力。事實上，很多人對預期失去恐懼感到十分擔憂，想像著若人們（包括自己）停止害怕後可能會發生的恐怖事物。

這令我們看見恐懼的真實來源，理解恐懼在社會機構（social institution）下的真實意涵。我們被徹底訓育得要去害怕──並非由大自然造成的害怕，而是由同胞所致。我們對恐懼情緒的反應和依賴，是專制傳統的一部分。專制社會中，恐懼被刻意地、系統性地利用來規範人類，以滿足統治者的需求，對懲罰的恐懼是唯一被視為確保合作與服從的可靠手段。若地球上的力量不足以讓人們產生足夠的畏懼，則會有來自蒼天的力量代替。恐懼被視為引發良好行為的最佳刺激，與普偏貶低人性的觀點一致，人曾被認為若沒有恐懼籠罩，或未受到懲罰的威脅，就不會「乖」。今日，舊權已逝，父母、師長早已停止威嚇我們；然而我們卻持續威脅自己，且看著一種又一種的懲罰，依照自己所訂的理想標準，做為確保自己受控制的方式。面對外在的壓抑與嚇阻，我們雖然自由，卻維持著奴性思維（slave mentality），同時又利用自我威嚇（self-intimidation）來逃避責任，增加所謂的「依賴需求」（dependency need）來向他人索求。

最早，是對「罪」（sin）的恐懼使我們遠離「惡」；如今，日趨明顯，現代人的「罪」是恐懼本身。恐懼剝奪人們發揮正常生活功能的能力，也強化了我們固有的脆弱和不足的信念。恐懼是對自我照顧能力產生懷疑的結果，但自我照顧正是身為自由人的義務，人若不知能夠信任自己，便無法履行義務。對懲罰的恐懼否定了我們的信心──相信人們善行是因為我們想要，而非因為害怕作惡的結果。

然而，做正確的事本就賦予了愉悅和滿足，無須透過恐懼來灌輸責任感。人們可以透過歸屬感，透過對自己與他人相互關聯的覺察、自我定位的肯定，以及

透過身為一個人的完全價值，而產生良好行為。

期望的力量

當我們意識到期望（expectation）與預料（anticipation）所扮演的角色時，恐懼所帶來的完整衝擊便顯得清晰，它能成為我們最強大——也最奇怪——的驅力。**任何能夠改變他人的期望，就可以改變他們的行為。**

我們的所有行動都依據著自己的期望而行，形成影響我們一切行為的隱密計畫。我們並不清楚計畫內容，甚至根本不曾意識到它存在。但不論我們抱持愉悅或恐懼的心情預期某事，其實並沒有太大差別；只要我們預期它，就會往它邁進。只有當目標具建設性時，我們才會承認自己的行為，但是即使我們沒有覺察到，其實痛苦的期望也有同樣的刺激效應。愉快也好，痛苦也罷，不論我們認為何者有可能，我們都在腦中建構了一個去實踐它們的計畫。這就是為什麼恐懼是件危險的事；所幸，有時因為外力干擾，我們預期之事並非每次都會發生，但無論對這些事是期待或畏懼，我們的內在資源依然是朝向這些事件邁進。催眠的力量可被解釋為催眠師的能力，能在個案身上創造新的——甚至近乎不可思議 31的——預期結果。這位催眠師——有著神奇魔力環繞著他——其實只不過是一位超級推銷員，能說服他的個案達到必然的表演期待或要求。

一個簡單的例子即能顯示預期性的力量：將一片一碼寬的板子放在地上時，我們可以輕鬆地沿著它走；但當這片板子放置在高處時，我們則會裹足不前，心中預期著災難，而若我們嘗試完成這項任務，可能真的會因為失去平衡而掉下來。我們怪罪這是因為「無能」所致，由於緊張或其他種種因素，但我們在這件事情上的「能力」其實並非取決於板子放置之處，而是根據我們的自我評估，根據對自我能力的信念或懷疑，以及我們的預期。

我們可以透過對期望更加熟悉來提高效率，我們能探索期望，雖然這並不容易。在發生更多傷害之前，我們可以理性地說服自己，不必總是往假定的方向前進；然而要能如此，必須先說服自己其實並不掛心，說服自己仍有機會，縱使我們也可能因為更多的錯誤期待而毀了一切。我們能透過認清自己的能力來加強自己的判斷，以達到更好的效果，贏得成果並成功做到曾一度確信不可避免的失敗。如此的認知牽涉到我們能否改進對自己的看法。

自我鼓勵

除非自己先在穩定的基礎上，否則我們無法維持穩定的行動計畫。一旦先假定了自己的自卑與不足，除了預料自己與生活中的最糟狀況之外，毫無其他選擇。我們對自己的看法勝於一切，塑造我們對未來期望的可能和限制。若有自信，我們預期成功也能實踐成功；若質疑自我能力，則會預料失敗並往失敗前進。**我們的自我評估提供了行動的先決指標。**

許多人都知道成功會引發成功，因為其帶來自信。對取得成功的人來說，那些原本膽怯且沒把握的問題會消失無蹤。我們的自我確定（self-assurance）會因他人的再肯定而被鼓勵強化，也會受到我們有勇氣的行動而產生效果。

在面對自己時，自我鼓勵（self-encouragement）顯然非常重要。不幸地，許多人對待自己的方式，宛如嚴厲又嚴肅的父母、師長對待「壞」小孩一樣——也帶來相同的負向結果。即便在離開父母很久之後，這些孩子依然背負著他們，帶著孩提時父母的要求，一併融入自己的良知內。他們反抗跋扈蠻橫的父母，但卻持續以如同父母般的方式對待自己。

不論原因為何，當我們令自己氣餒時，同時也貶低了自己的效能。鼓勵是面對自己的一項重要義務，如同在面對任何人時一樣重要。因此，我們需要有能力

也有意願看到自己的優點，避免把注意力集中在自己的不足之處。每個人都有缺點，但強調缺點只會使他們更糟。我們可能會認為需要自我批判來督促自己進步，以免再犯相同的錯，但其實恰好相反，自我批判只會削弱自尊（self-respect）和自信（self-confidence），也使我們更容易重蹈覆轍。透過摒棄對自己刻薄甚至具敵意的態度，我們也許能在下一次有不同的行動；但若維持這種態度，我們便不可能從錯誤中學習，更無法進步。

自我批評（self-criticism）和氣餒（discouragement）有時會以罪惡感的形式呈 33 現。罪惡感並非必要也沒有助益，我們可以犯錯，甚至在鑄下大錯時，也無須感到「罪惡感」——但這不代表我們對失誤沒有遺憾，或不希望修正。對人類來說，犯錯難免，失誤的結果經常源自已被局限的自信，然而更多時候，錯誤來自無可避免的計算錯誤，因無人能全盤掌握所有相關因素。一個深信「在確認所有事實之後才會行動」的男子，若不感到迷惑也將寸步難行，因為全部的「事實」從不可得。不相關的變異因素會混淆所有未知事物的操作，對誰都一樣。在此論述下，我們的「誤算」就像愛因斯坦也曾犯錯一般，應不會使我們感到更多的自卑挫折。

不幸的是，我們永遠無法確定自己是否正在做對的事，只有往前邁進之後才能知道當初的決定正確與否。既然如此，我們注定會在不計其數的場合中犯錯，那感到罪惡的意義又在哪裡？往事覆水難收，一個自我確信的人不會浪費力氣為於事無補的事傷心，而是在已發生的結果上持續專注盡力。一個懷疑自己能力的人又必須同時呈現維持善意的樣貌，將難以建構出自我接納的態度，因此，罪惡感便能派上用場。罪惡感讓人們縱使表現惡劣也能展現良好意圖，同時也證成對未來表現會更佳的疑慮。罪惡感將我們的注意力從應該做什麼，轉移到已經做了什麼。每當我們不願意按照情況所需行動時，罪惡感就會出現。

有時候，我們會忽然為一件久遠往事感到一陣愧疚的刺痛，這種對過去的罣礙，會發生在我們想要避免或者覺得無法勝任任務的當下。罪惡感是自我挫敗的 34

呈現，也是讓我們持續甚至強化對自己評價低落的正當理由。

若我們意識到這個對自己施展的把戲，就不會允許自己沉浸在奢侈的罪惡感中。與其視罪惡感為高道德標準的象徵，一如我們習慣做的，我們更應辨識出在罪惡感中的「鄙俗」（indecent），如尼采所言。我們可以確定，一旦感受到罪惡自責就是正在面對新把戲。這種意識能協助遏止這種自我批判與新錯誤的惡性循環，這兩者多半彼此跟隨，無盡地交替。

究竟我們犯錯或失誤時該怎麼辦？這就是自我鼓勵極為重要的時刻。若能自我鼓勵，就會朝向修正邁進；若做不到，也可以把事件及其後果做為生命中不可避免的一部分。若我們無須在意自我價值之有無，自然就不會太在意困境的出現是因為自己或他人的過錯所造成。許多人在面對因他人失誤而造成的狀況時，都能妥善面對，接著也多會以目標為導向，而非以榮耀導向來處理。但當我們落入自己燉煮的藥湯時，總是忍不住先加大火勢。我們因困窘臉紅，因恥辱灼傷，對那「必須」把我們推下火坑的罪魁禍首怒火中燒，或者，一動也不動地坐在自我控訴中煎熬。要能優雅地犯錯，卻不帶有羞辱（shame）或威脅（humiliation），是種生活中不可缺少的必須。不論是在周遭或從自己內在，我們都必須拒絕找尋代罪羔羊來減化我們的錯誤行為。唯有如此，我們才無須特別戴罪立功來將功折罪。帶著**不完美的勇氣**，我們能簡單地繼續生活、工作和運作下去。

35 勇氣

勇氣（courage）從自我鼓勵產生，是生活中關鍵的重要特質。在任何情況下、任何任務中，唯有勇氣允許我們充分使用內在資源。若我們不白費力氣在證明自己的價值，就能將自己投入在有益的目標上。若我們不預料失敗，便能充分地評估每種情況，並依據所需狀況行動。

勇氣是自信的體現，源自我們對自己能力的信任。只要尚未被恐懼麻痺，勇氣會是所有物種中的自然特質。然而，勇氣與厚顏魯莽不同，人們經常將兩者混淆。勇氣在本質上與責任感和歸屬感相關，因為它反映了我們的自信，相信能夠因應人生中所存放一切的能力。勇氣與恐懼相反，恐懼是萬惡的根源，勇氣允許合宜的評斷，也能因此帶來效率。它允許我們充分使用肢體能力、智能力量、情緒耐力以及創意想像。它促使我們與自己及他人和平共處，因為我們不再對別人害怕，也不再對自己害怕。

在這個對和平不識不知的世界中，我們質疑與自己和他人和平生活的可能性。這看似癡人說夢，但卻未必。我們的內在平靜（inner peace）並非取決於生活周遭的偶遇；倘若天堂曾經存在，那麼人類已遺落自己的天堂。生活總是充滿衝突、艱辛和困境，但有勇氣的人感受得到自己歸屬於生命，清楚自我立足之處，並看待此處為生活、行動、生產、參與和創造的中繼。他不需要天堂，他已從自我實踐、貢獻和效用中找到滿足。他也會受困於意外、疾病和悲劇，但他保持精神不摧，因為總有事情能做，有能令他享受生命、賦予力量的任務可行。**假 36若**人願意去看，生活中總有喜悅陶醉之事；若能接納自己與世界密不可分，世界便屬於他；在生活中，**我們**即是生命。

有兩個看似相衝突的故事可以強調勇氣的意義性，也展現了勇氣如何顯露和體驗的各式樣貌。第一則寓言是兩隻青蛙的故事。一隻青蛙掉落入一桶鮮奶油中，牠絕望得無法出去；而牠的夥伴，同樣掉入鮮奶油中，卻奮力反踢向命運，將這桶鮮奶油踢成了奶油，便成為能順利踏上進而跳出的安全之路。

這雖只是一則寓言，卻饒富智慧，下面敘述的是一個真實故事。環繞維也納周圍的多瑙河，夏日時節美麗又溫暖，溪流穿越美麗的山谷與村莊，許多維也納居民會自上游悠遊而下，讓河水載著自己在宜人的鄉間遊歷。但因為溪流時有漩渦，每年都有人溺水。其實這些意外可以避免，只要人們知道被漩渦往下拉時要憋住氣，不消幾秒鐘，河水就會將他們再拉上來。相反地，那些不幸的游者對溪

流抗爭，直到用盡最後一分力氣，以致溺斃其中。

　　這兩則故事的寓意很簡單，我們必須對自己與生命有信念，然後才能辨識如何在局限的情況中採取最佳行動。在特定情況下我們必須有所行動而不放棄，其他情況時則必須等待良機。然而恐懼和怨懟將我們推向相反方向：該等待時卻掙扎，該行動時卻遲鈍。

　　廣為人知的寧靜祈禱文或許最能顯示出生活的智慧，戒酒無名會（Alcoholics Anonymous, AA）便以此禱告文為座右銘：

37　　　　天父，請賜給我安寧平靜，

　　　　　以協助我接納我無法改變之事，

　　　　　賜我勇氣去改變我所能改變的，

　　　　　並賜我智慧能辨別兩者的不同。

　　若我們不浪費氣力試圖去做無法達到的、不對抗生命中無法改變的現實，願意忍受難以避免之事，便能自由施展力氣在能完成的事情上；而最後的結果，也往往超乎我們想像。如果我們能不被「對所處現況的怨懟」占據，便可更注意到能改變與改善的地方。只存在腦海中的鎖鏈禁錮著我們的內在自由——透過加諸在自己身上的限制——因為我們無法看見能踏出幻想牢籠的大門。政治上的民主演變令我們變得自由，但我們卻不曾從專制傳統的枷鎖中釋放自己。我們猶如帶有奴性的自由之身，無法想像實際擁有的自由，即使我們從不曾使用過。

　　沒有規則、也無絕對的方式能提供對安全的想像，但是在自由選擇的道路上，我們永遠有機會。我們無法對抗湍急的河水，然而生命的洪流、改革的洪流卻操之在己。我們需要做的，唯有泅游其中。

為聲望而搏鬥

在我們文化中，聲望是隻金牛犢。曾經一度，這隻牛犢遍體「金光閃閃」：聲望決定了財富。但不論我們視聲望為財富或權力，或天賦和成就，或任何其他成功的形式——聲望依然是在《聖經》中描述的那隻金牛犢：一個偽神，取代了生活中真正至關緊要之物，那即是「透過有益的貢獻參與社會進步」。但只要我們非得膨脹自己高於他人，非得獲得「成功」否則不工作，我們就不會滿足於 38 「成為對他人有用的人」這樣的想法。當我們力爭成功，不論獲得什麼都不足夠，因為我們的自卑感受**永無止境地**縈繞並驅動我們。許多被視為成功的人蜂擁至精神科診所，精神科醫師們是唯一明瞭這些巨頭與霸主內心感受的人，明白他們是多麼害怕失足，害怕無法維持自己靠血汗與淚水換取來的高社會地位。對一個凡事總要**為首**、絕不肯淪為**凡夫俗子**的人來說，老去變得難以忍受。這樣的人無法滿足自己獨坐一旁，遙望舞池獨酌酒。淪為如此，如他們所預見，就會先從夥伴「上頭」退「下」，而這令他們感到自己毫無價值。

當地位受到威脅或被剝奪時，對自我膨脹（self-elevation）的渴望以及對破壞性補償（destructive compensation）的追逐，造成普遍的道德淪喪。人們腐敗、自私、剝削同伴，並非新聞，但今日這些事情卻似乎已毫無限制地橫行無阻。任何與既得利益抗爭以及譴責自身所受不平等待遇的人，都會在當他自己成為統治者的一分子時，重蹈覆轍。在爭取優越的過程中，不論贏家或輸家，無人覺得安全：人人都感到害怕、擔憂、焦慮。在爭取社會優勢的激烈鬥爭中，挫敗氣餒的人退出，進入另一種無用的「成就」形式。從較低階監獄「畢業」的罪犯，爬上犯罪的社會階梯，延伸到更嚴重的罪行，直到他成功獲得無期徒刑的「加冕」。毒癮成為瘋狂駛向歡愉和自我放縱的體現；性愛成為英雄行為，成為歡愉與征服的主要目標。

除非能了解自己的愚行，否則我們對此無能為力。任何對改變與進步的必要
追求，代表我們無法從所經之路獲得平靜的信念。然而，我們難以說服任何人爭
名奪利與自我膨脹是無用的行為，縱使此人已慘不忍睹。失意者傳頌著他人的努
力和「成功」，並不知道其他人也付出許多代價，而他無法看透縱使是「成功人
士」也是如此悲戚：若他們在功成名就後停止對聲望的瘋狂追逐，便會感到無比
惶恐。鮮少有人意識到，我們無須獲得更多，因每個人在世上都已有一席之地，
也就在該處，我們發現到滿足。

在能放棄為聲望掙扎之前，我們需要檢視另一個議題。事實上，社會習俗
（social convention）強而有力，我們能否靠著自己、也為了自己，違抗社會價值
觀卻不變得反社會性，不引來他人詬病和排斥？

上述問題的答案是肯定的，也是必須的。為了我們所擁護的民主，我們每個
人都必須抵制人們容易彼此反對的傳統習慣。在今日這是可行的，那擴展個體優
勢的時刻、人人均需留心自己的時刻、那「大聲自由咆哮」（free-for-all）生活
的時刻，或多或少都已經過去了。新的社會概念正在浮現，並逐一被納入我們的
普同觀念中。一個只尋找個人榮耀、只追求自身利益的人，依然會因其成就而為
人稱羨，但是我們開始更加欣賞那些協調自身利益以符合社會福利和他人利益
的人。

當然，我們主要都關心對自己有利的情況，但滿足自我需求的方式有兩種分
別：自我中心主義者（egotist）和利他主義者（altruist）。自我中心主義者認為
可以靠忽略別人的福祉來滿足自己的最大利益，而利他主義者意識到使自己的利
益符合他人利益的好處，其安全感存在於與大眾的共同利益和共同努力中。換言
之，這是兩個極端點：安全感來自推翻他人，還是與他人共享。

從眾的安全？

對社會融合和參與的關注帶來從眾的現代趨勢；對歸屬的渴求使得個人淹沒在團體中。在外觀、衣著和行為上，我們試圖與所認同的對象一樣，藉此才能確定自己的定位，獲得歸屬感。難道這不就是在平等中實踐民主的完美樣貌嗎？對於那些需要別人的批准和指導的人來說，不論是來自他生活圈的人或那些「重要」的人，不正是一個參照方向嗎？

大衛・李斯曼（David Reisman）將從眾趨勢的發展歸因為經濟和社會狀態。佛洛姆（Erich Fromm）也採取相同論點，他描述並譴責了我們民主中普遍的強迫性從眾行為（conformity），稱之為當代社會人類的「自動化」（automatization）。佛洛姆責怪這個「價值的市場概念」（market concept of value）與「市場導向」（marketing orientation）的發展。[5]

然而，這**並非**是經濟議題。從二十世紀初開始，粗糙的個人主義（individualism）阻礙了人們認同平等，近期的集體從眾趨勢亦是如此。團體極化（polarization）的過程造成團體抵制，每個集團都鄙視團體以外的人。隨之而來的言論自由限制不再是由專制政權造成的，而是來自圈內人的抑制和團體的殘酷壓力，壓制了個人的言論自由和行動自由。 41

這種對於從眾行為的依賴，不是我們所想望的。從眾阻礙人的自由，此依賴的源頭可追溯至許多原因。

首先可以理解的是，這是反對過去逐漸膨脹的個人主義的反應，使得「我們」遠比「我個人」重要，而這本身就是走向社會融合的必經之路，特別是——

---

5 David Reisman, Nathan Glazer and Reuel Denny, *The Lonely Crowd* (New Haven: Yale University Press, 1950); Erich Fromm, *Escape from Freedom* (New York: Holt, Rinehart, Winston, 1941), and *Man for Himself* (New York: Holt, Rinehart, Winston, 1947).

也是最重要的——走向社會責任和群體責任的一步。然而，在現階段的民主演變過程，這種渴求的且必要的演變過程卻受到阻撓和扭曲。同樣的缺失也阻礙了美國建構真正的政治民主和進行成功的經濟計畫。運作良好的民主需要建立並監測迄今仍缺乏的**社會平等**，正是這樣的缺乏，扭曲了社會適應，也阻礙了有效的政治民主，至少到目前為止是如此。

然而看起來，缺乏個人化的自由並非是從眾的後果，而是原因。除非每個人都被認為具有同等的地位，否則通往全面社會融合和參與的趨勢就無法落實。只要個人的社會地位不確定，他便無法使自己自由，無法進而敢於與眾不同。唯有社會平等能提供這項權利，以及讓每個人成為自己的機會。

如同佛洛姆論定的，朝從眾行為飛奔並非逃離孤單，而是對尋找安身之處的誤解。無法歸屬的恐懼，促使許多人強化了他們與想認同的對象或任何傑出者的相似性——這些人能保證他們的位置。

對團體的服從提供了錯誤的安全感，因為它忽視了自由個體最基本的需求——人的選擇自由、思想與行為的獨立性。若一個人的「適應」僅僅包含了對權威者、群眾意見或團體的服從，他便無法落實自己，無法單獨活出自己的人生。對現狀的適應，對社會習俗與價值的服從，卻已不再可能。在過去，當社會流動有限而改革緩慢時，這種「適應」型態曾是唯一的可能。在今日，社會處於不斷的變化之中，改革快速，建立的常態不再能綑綁自由之身，人們有權利與任務去評估、選擇並改變條件。今日的適應不只牽涉接納現況，也代表刺激改變的責任，以及推動團體邁向進步。每個人對社會的想法、對人類和未來想法，都是社會的動力。從眾於群體的約束和標準忽略了個人的責任。從眾行為提供的狀態是表面且短暫的，因為個人在這移動的社會都是從一個群體移至另一個群體，暴露於各種團體的壓力下，隨著人生的進展，選擇或拒絕一個又一個團體。

既然如此，其他確保安全的可能為何？有些人透過金錢或權力尋找安全，其他人則透過對上帝的愛或信仰。這些都提供了各種程度的安全感，對於每個人來

說，只要有一定的限制，只要持續下去，都會為個人提供一個安全的所在。從金錢、權力和聲望所產生的效益顯而易見，其目的便是授予社會地位。那些想從愛情中找到安全感的人，通常非常重視情感和性欲的滿足。他們認為，安全感只能 43 透過滿足兩人之間的緊密和親密關係才能獲得。[6]

然而，許多有錢、有勢、有聲望或有愛情的人，依然持續被無安全感所擄獲。既然這些優勢提供了地位，為何又會如此？所有這些共同的謬誤，是假定我們可以透過給予或獲得的東西，從外界獲得安全感。只要我們的安全感是仰賴外界，就必然會繼續害怕自己擁有的太少，或會失去已經擁有的。在這種狀況下，安全感只是假象。那些將財富安全做為首要目標的人，即使擁有再多的財富也不會感到安全。他們仍然可能在金錢並非萬能的地方，擔心自己的權力或聲望，縱使家財萬貫仍會感到威脅，而那些愈有勢力與聲望的人，多半愈缺乏安全感。

宗教信仰的效果則完全不同。它並無限制，永遠不會有失去上帝看顧的危機。具有虔誠信仰的人享受著強烈的安全感，連死亡都不算威脅。不論發生何事，都是神的旨意，是神智慧的結果。然而，對那些無法接受超自然力量存在的人，則出現重要的問題：是否有可行的替代品能代替來自天意的安慰信念？

以任何宗教形式真誠拜神的人，並非從神祇而是從他自己的信仰中獲得安全 44 感。究竟神是否真實存在，其實並無差別，對信者而言，祂存在是因為他相信祂。是人決定神的存在與否，祂的旨意、智慧、天意。若個體能透過對神的信仰與想法而感到安全，他的安全感來源便**存在於內在自己之中**。他有能力創造出讓自己有安全感的信念，或以懷疑阻止此信念。「信仰」經常是用來描述產生安全感的態度的詞彙，也被視為是深刻的宗教奉獻特徵。接下來的問題會是：我們能

---

6 「透過愛得到安全感」（security through love）的概念原型，是孩子需要愛來感到安全感的假設。孩子確實需要感情與溫暖，但這是否就能提供他們安全感？一點也不。孩子可能收到滿滿的愛卻依然不滿足又叛逆。母親的愛不一定能防止孩子對母親善意的對抗。被寵壞的孩子只會一而再地索取更多放任式的愛，讓他們為所欲為。

夠對誰有所信仰？

　　對那些信仰上帝或上帝代言者的人而言，這不是個問題；但對其他人來說，可以有什麼信仰？不言而喻地，在民主、平等的時代似乎必須對**人**有信仰。沒有它，民主不可能產生、平等不可能產生。但人究竟是誰？或是什麼？是我們？是我們每一個人？是你？或我？若我們對自己沒有信仰，就不可能對任何人有信仰，我們可能毫無信仰。對自己的信仰是這個時代的重要戒律。

　　然而我們又對什麼樣的人有所信仰？很明顯地，只對那些完全相信自己的人。他是什麼樣的人？他在群體中很確定自己的定位，儘管也有缺點和弱點，但他確信自己的價值，無須懷疑也無須證明。他了解自己的能力，因此不論面對什麼都能有所對策。他不害怕失控，因為他並不擔憂自己的聲望，生活的所有偶然性對他來說都是挑戰，可做為運用他的大腦、肌肉、內在資源的契機。「失敗」一詞並不令他害怕，面對每種挑戰他不一定總有最好或最壞的答案，但他一定盡力而為。他會如此並非是要「證明」自己，而是為了生活、為了運作、為了有用，為了實踐自我生命。這些僅只是安全感的基礎，相信自己，憑自己的力量和能力，隨時隨地處理，不論面對什麼都有對策。這並非自私，因為對自己的信仰允許我們去參與、去貢獻、去對他人有用。

45

心智與情緒功能
的運作原則

情緒、心智與身體的交響曲 第 **3** 章

47　　至目前為止，我們討論了現代人的困境、對所處生活的迷惘，以及想為自己找尋安身之處卻虛擲的氣力。本章中，我們將試著分析這樣的心理機制，協助我們了解人性，明白人的情緒與行動，及其對同胞的態度與關係。

意識與記憶的功能

前文已經討論過認識自己的限制，我們也發現，要對他人傳達想法、感受和信念等的真實樣貌並不容易，因為我們的腦海中有太多自己未曾覺察的事物正在發生。

已知與未知之間的界線並不明確。阿德勒認為，在我們自己身上的事，很少是我們全盤不知的，但也沒有什麼是我們完全明白的，對自己的認識多寡顯示了自我覺察程度的差別。我們內在自身中，從已知到未知是一個連續面，我們在心理節能原則（psychological economy principle）下運作：僅對自己需要知道或想要知道的有所知曉；在自我功能上無須知道或不想知道的，則部分或完全地維持未知。我們甚至可能不願自我承認，我們決定了自己的已知與未知。

眼睛是用來說明這種覺察上的陰影很好的例證。當視網膜接收視覺映像時，

只有視網膜中心的一小部分能提供清晰的物體顏色和形狀影像，離視網膜中心愈遠，得到的畫面就愈模糊。但人類需要廣闊的視野來知曉環境，若有任何事物變得有趣、重要或具威脅，眼睛便會聚焦在這些事物上，且只用具有清楚視線的一小塊區域。我們可以將這個視網膜中心與意識知覺（conscious perception）相比較，也將模糊視覺畫面和其他不同程度的覺察相比較：正如我們實際看見的比覺察到的更廣，人們實際所知事物也遠比能以語言形容的來得更多。

　　儘管理論上，人類對於自我能力的全盤理解並無限制，我們卻不想也無須全盤了解。舉例來說，人們經歷過的一切都會牢牢印在記憶中，能在催眠的狀態下予以召回。但若所有的記憶都經常維持在意識層面上，我們不但將負荷過度，也會幾乎無法專注在當下的經驗中。因此，記憶被妥善歸納組織著，唯有當我們眼前有需要時，才會提取相關「檔案」。在有用處時，我們想起一些名字、日期和事件；若不再需要時，它就被遺忘，直到下一次的召喚。

　　只有在違背我們的意識意圖時，記憶的功能才會顯得複雜。有時候，我們試著想起某些事卻徒勞無功，而當我們突然想起這些原先無法想起的事物時，才會發現這些印象一直都在，只是回想得太遲了。相反地，有些記憶會占據腦海，不論我們如何試圖「遺忘」，也無法將它們拋諸腦後。

　　莫非記憶突然變成一個不受控制的獨立器官？是什麼在「錯誤的」時間點、用「錯誤的」方式阻止或刺激了它？記憶總是任由我們處置，只會依照我們想要的方式工作；但總有一些時候，我們並不清楚自己對記憶的需要是什麼，或者其實，我們無法承認自己究竟為了何種目的而遺忘或持續「記住」，因這顯然違背了我們的意願。要理解這樣的內在衝突，我們需要去思考人們心智運作的兩個層面。

常識與私有邏輯

　　人類身為群體的一員，共享一定的概念與信念、價值與習俗常規。自兒時起便建立的良知代表我們所接納的法則與規範。良知使我們明辨「是」與「非」，縱使每個人的良知內涵或許不盡相同，但同一社會或文化團體的成員大多共享相同的是非概念，否則他們無法安然共處。也因為我們都希望能在團體中有一席之地，都希望自己能被認定為是位「好」成員，所以會盡力依循自我的良善意圖而為，亦即我們都會試著遵守良知的指示。

　　但如同我們常見的，鮮少有人能永遠遵守自己應該做到的事，也少有人能永遠避免自己不應該做的事。但若我們全都想做出正確行為，也相信自己的正確意圖，又怎會出現這種現象？阿德勒將這個差異解釋為「私有邏輯」。私有邏輯顯示了我們真正的意圖，我們每個人都有自己無法與良知相互協調的目標。然而，我們設法在追求自我目標的同時，仍能維持自己的正向意圖！這是需要智慧才能做到的事，而我們恰好如此聰穎。一個孩子可能想要獲得特別的注意力，或很想展示自己的力量；他可能想做許多明知不可為的事。而身處在這道德表淺的文化中，只要他能為自己的不良行為「辯護」，便能很快找到有力的藉口，不會招致父母或其他權威角色的譴責，因為沒有什麼比公開承認不良意圖更能激怒長輩了。一個孩子可以靠著打破窗戶，並持續假裝那只是個意外，來懲罰（punish）父母。當孩子將父母的命令都裝進自己的良知中時，最終他也可用這樣的藉口來安撫自己的良知，就像他學會如此安撫父母一般。

　　我們的個人與私人目標並不總是在意識層面中，但這些目標在各種行動中刺激著我們。若我們行為不佳，則會試著「合理化」自己的行為，彷彿我們對此沒有責任。我們都知道該念書準備考試，但因為自認考試不會合格，便覺得沒有讀書的必要，而創造了例如頭痛、難以專心或其他類似的神經質症狀，用來「辯

解」無法讀書的理由，同時也能在之後「解釋」我們為何表現不佳。

我們不會對自己承認私有邏輯，因為如此一來就得為自己的行為全權負責，也無法持續維持我們虛偽的正向意圖。沒有人想丟臉，所以我們必須從意識層面來掩飾自己的真正意圖。在認為自己想做與實際正在做的事情之間，我們已經建立許多方式來維繫這兩者。

當我們不想為自身行為承擔全部責任時，情緒是我們最強烈的藉口，至少我們會感受到它們。由於情緒是我們自我欺騙的主要來源之一，因此更需要詳細的討論。

情緒的功能

情緒是人類不可或缺的一部分。人格特質包含三個相互連結的功能領域：身體歷程、理智與情緒，融為一體而成為完整獨立的個體。不論人做什麼，這三者都參與其中，儘管在任何時候人們看起來像是被其中一者支配而非其他。理智和身體歷程的功能多半能被了解，但情緒的功能卻並非如此。由於某些所謂科學發表的強調，使得許多人不是對情緒功能一知半解，就是抱持錯誤的觀點。

今日，情緒並未被正眼看待，當我們形容一個人「情緒化」時，通常不是種讚美，顯見情緒或多或少不被信任。情緒聽起來不太理性、會引發難以捉摸的行為，很難受到「控制」；情緒會扭曲知覺並導致對現實的錯誤解讀。我們觀察到人們有一個傾向，那就是會把反社會行為歸咎到情緒上。相對於理性與智能這些歸類於「高等」的功能，可以提升人性，情緒則被視為人性「低等」的部分，把人性降等了。

如此荒謬卻普及的印象究竟是如何產生的？人類的進步主要基於人類的智慧，卻鮮少有人注意到潛藏在底下的情緒層面，其實促成了人們過去百年來在科

51

學和智能上的成就。過去,大自然與神祕的力量一向是人類命運的主宰,人類在與這兩種力量的奮力抗爭過程中,理智一直是強而有力的工具。理性主義反對神祕主義,科學成為探索真理時唯一可信賴的途徑。客觀,就是好(good);而主觀,便是惡(evil)。

當人們無力達成自己所設定的智慧和理性高標準時,便接受了「人類乃受動物本能驅力和衝動所推動」的思想流派,這點亦獲得強而有力的「科學」支持。這股新的神祕主義,包覆在層層科學語言之內,降等了人類,設定每個個體內在存有一個汙水池,其中沉積滿載著壓抑的衝動與驅力,造成敵意攻擊和破壞性的情緒,干擾人類的正向意圖。若假定這是真的,人則不可能獲得完整的尊嚴(dignity),或者對自己完全負責;然而許多人卻接受了這種悲觀的論點。

52　　當我們能承認並非情緒的力量干擾了社會功能,而是人類無法好好理解、無法適當使用情緒,不以情緒為藉口,而是將它視為最重要的資產,似乎才更符合人性尊嚴。

試想,若一個人完全沒有任何情緒時,會變得如何?這個思考能讓我們更清楚情緒的功能。一個完全沒有情緒的人,其思考能力可提供他更多訊息,協助他從中歸納,客觀地判斷各種行動的優缺點;但他無法把持堅定立場,或擁有堅定信念帶著力量行動,因為完全客觀無法帶來有力的行動。有力的行動需要強烈的個人偏見(bias),能壓抑某些有利於他人的想法。一個完全無情緒的人會是冷酷、幾乎沒有人性的,他無法體驗友誼或親密感,因為他完全不需要這些,也不想追求這些。簡言之,結果他可能是高度無效能。

情緒為我們的行動提供力量,如同蒸汽動力一樣:沒有它的驅力,我們都將無能為力。不論何時,當我們決定要堅強有力,它便在當中扮演要角,使我們堅持決定、堅持立場、建立態度、形成信念。堅固的人際關係基於共同的利益與期望,而情緒便是關係的唯一基石。它們允許我們能夠感激也能輕忽、能接受也能拒絕、能享受也能厭惡。簡言之,情緒使我們人性化而非機械化,令我們像個

人，而不是機器。

　　如果情緒看似正向、具建設性且有用處時，其效益與目的便相當容易辨識；反之，當情緒變得破壞力十足時，我們就難以肯定情緒的存在，因為它們往往妨礙我們去做想做的，阻礙我們認為有義務要做的事。唯有在這樣的情況下，我們明顯感受到無法控制的情緒，然後將自己與這些情緒切割開來，彷彿我們對它們 53 的存在完全免責。正是這個原因，我們只能過度傾向接受這個理論，將情緒視為鎮壓我們的非理性力量；也因為相同的理由，人們過去一度相信惡魔的存在，而現代的人們相信本我及潛意識。

　　在本質上，干擾性情緒與正向性情緒及建設性情緒並無太大差別，它們並不是非理性，只是存在的理由不被理解或接受，特別不被個體自身所接受。然而，那些被情緒所主導的個人或群體，在辨識這類充滿敵意的情緒上，應當沒有太大困難。

情緒與理性

　　我們習慣性假定在理智與情緒之間有個清楚的劃分，彷彿智能會帶我們往這個方向，情緒則驅使我們背道而馳。實際上，這兩者相互連結並交錯，以不同的方式服務相同的目標。身體功能、理性和情緒並非如機械論者認為的，會彼此「影響」，而是呈現同一個過程的不同面向。基於個人意識中或無意識中的**理性**過程，**身體**「調整」自己在其中被引起的**情緒**騷動。個體的每種歷程都會展示出三種伴隨身體活動的動作：肢體性的、知識性的、情緒性的。由於每個個體都是一個完整的單位，人格特質的統一性總能受到保護。心智與身體不可分割，它們都只是完整個體的其中一部分，而個體能夠使用其功能來達到自己所設的目標。在恰當時，這個「完整」的個體使用身與心，如同他能以不同的方式使用每一隻

手，為了共同的目的而協調動作。沒人能說自己的手臂是自行移動的，縱使兩手
互為左右地握著同一物體，也不能說這隻手「影響」了那隻手。相同地，也不可
能假定身、心兩者獨立分開工作，雖然個體可能不會一直覺察到自己正在如何使
用身與心。

　　將理性與情緒視為分歧的兩者，本就是一種「合理化」（rationalization），
一種普遍情況下對情緒的貶抑態度所帶來的自我欺騙，假定一種實際上不可能有
的理性意圖。「情緒性」理解與「理智性」理解之間的區別，不過就是一種謬
論，如同這個經典寓言故事說的：

　　　　父親和強尼一起散步。一隻狗尾追其後，凶猛狂吠。強尼跑開了，
　　　躲在一棵樹後面。父親叫著：「強尼，你不知道會叫的狗不咬人嗎？」
　　　強尼從遠處回道：「我知道，你也知道。但那隻狗知道嗎？」

　　這個例子是理智性理解和情緒性理解的典型假定區別。強尼接受了父親的觀
點，因為他沒有更好的辯駁，但他就是單純地不相信。換句話說，我們所謂情緒
性理解就是我們**真實**信念的呈現，我們的真實信仰；理智性理解代表表面的認
同。我們知道**應該**怎麼做的「內容」，是「常識」，而「私有邏輯」是我們的真
實信念，我們真正相信和想要的，因此也是我們行為的真正理由。

　　一旦認清這一點，就會明白私有邏輯絕非不合邏輯；若它看似不合邏輯，只
是因為我們選擇不去理解我們的動機、真實意圖和目標。推理（reasoning）和理
智思考（intellectual consideration）並非情緒的陌生人；反之，它們其實是情緒
的根源。思考時，並不需要意識或全然覺察，但所有的想法，不論我們覺察與
否，總會引起情緒的支持，單是想著事情就能撩動情緒，而轉換思維方向情緒就
會消失。想法和情緒總是相互伴隨：一個提供方向，一個驅使行動。情緒就像是
汽車的汽油，少了它車子便動不了，而我們依照自己的決定來添加或使用它。

情緒工廠

　　既然需要情緒來驅使我們的意圖行動，我們就自有方法創造出情緒，帶領我們邁向自我決定（self-determined）的目標。舉例來說，每個人都有各種象徵性詞語能刺激各式情緒，這些詞語可能微不足道，但我們加諸其上的弦外之音與聯想，能使它們變得強而有力，進而影響我們生活。在任何感興趣之時，我們像是按下按鈕般刺激出某些特定情緒。

　　我們有許多其他「創造」情緒的方式，支持我們對任何計畫的追求。夢，舉例來說，有其目的。阿德勒形容夢為「情緒工廠」（factory of emotions）。睡眠時，我們使用私有邏輯不受現實干擾，也不被意識省察。我們根據自己的私有邏輯來創造夢境。作夢時，我們描繪出自己選擇的事件和場景來強化我們的觀點。在夢中，我們為隔日即將面對之事預做準備，為自己預料的問題採取立場。雖然夢境無法有意識、也無法刻意做到，然而我們並不了解自己「創造」了夢境。話雖如此，我們依然是夢境的主宰，因為沒有任何外界事物能強迫自己去作夢（依據我們的興趣和態度，甚至是來自外界的穿透性刺激，都被用於夢中）。

　　倘若我們能夠了解自己的夢，便可以學習全盤了解自己的私有邏輯和動機。　56
然而這無法自己進行，就連受過嚴格受訓，完全具備了解、詮釋病患夢境的心理治療師，也會對分析自己的夢境感到迷惘。而這複雜的事實是有原因的，如果我們清楚自己創造夢是為了某個目的，夢一旦被理解，便失去了效能。整個問題的關鍵是我們在生活中對個人偏見的需求。若我們意識到自己的偏見為偏見，就無法再維持它，於是，我們必須欺騙自己；而夢，就是自我欺騙的工具。

主體性的需求

主體性（subjectivity）──人們的態度、情緒和信念的基礎──是生活中必要的，少了它，我們便無法在複雜的社會生活中運作。我們必須和自己的興趣、觀點、概念採取一致的立場。缺乏立場，我們每個人都會變成無法創造想像和沒有力量的機械。這種創造性行為預示出一種偏見，一種個人偏好或厭惡。相對於他人的觀點，我們必須被自我的觀點說服，同時也要把我們所有的偏見融合在共同福祉之中，而這福祉仰賴於社會中所有相對力量的協調一致。

這可說明為何人無法完全認識自己。我們必須從理智與意識中隱藏自己的主觀邏輯，否則自己的地位、動力和效益便會削弱。但是我們無須把「無法完全理解自己」視為威脅。可能要到某日，我們才能清楚定義出類似於維爾納・海森堡（Werner Heisenberg）測不準原理的「心理不確定性原理」（Psychological Uncertainty Principle）[7]。**我們必須習慣這個想法：人們既不可能也不必要認識一切**。有關個人的意識知識看似被高估了；相同地，我們的缺點也被錯誤歸咎於無意識歷程。個人力量能在不受意識思想的干擾下得以經驗，阻礙我們幸福和生活功能的往往是意識層面，而非內在廣闊未知領域的衝動和驅力。事實上，不論清楚自己與否，我們唯有在如實行動時才能運作。

正確來說，我們的不確定性是種優勢：不只提供我們形成主觀和偏頗的「權利」，也讓我們有機會如此。若接受自己如此，便無須反抗或不用所謂的自我控制，那麼我們便能充分使用自己的內在資源，為共同福祉貢獻自己、為人類帶來進步。

---

7 維爾納・海森堡的「測不準原理」（Uncertainty Principle，又譯為：不確定性原理）指出，粒子的位置與速度，人可以清楚其一，但無法同時確定。

自我認識的限制

我們現在處於一個無法更清楚認識自己的位置。個人的偏見隨處發揮，我們當然都無法客觀。我們無法「知道」自己的偏見，否則它早已消失無蹤，而我們的獨特人格特質也隨之跟著一起不見了。最早與基礎的偏見在童年時期形成。我們對自己在家中地位的印象以及對早年經驗之解讀，使我們與其他人不同。這些早期印象型塑了自我概念，形成**生命風格**的基石。我們全都居住在同一個世界，但每個人對世界的概念卻不盡相同。正是個人概念使我們成為我們自己。若改變自我概念，我們便會截然不同，但無人能單憑一己之力去改變自我概念。　　58

自我認識（self-knowledge）的範圍並非受限於生命風格中的基本自我概念，許多動機同樣也必須隱藏在意識之外，否則我們無法維持住它們。我們永遠不可能確定自己的動機，再一次，這個限制可以被視為人性的優勢力量而非弱點。因為動機的主體性，使我們在行動中有權無須經常質疑衝動的「合理性」。我們必須接受衝動為自己的一部分與意圖的一部分，需要勇氣來為自己的行動負全責，縱使我們可能無法如實知道它們所為何來。於是我們不再需要與自我謙遜戰鬥（self-effacing fight），那總是讓我們陷入無能為力的窘境。藉著放棄無意義的內在衝突，我們獲得了一直在追尋卻鮮少獲得的內心平靜。

然而，如果個人偏見變得有害且干擾，要重新加以思考並採取行動，並非不可能。但這個步驟需要透過外界，來自一位能檢驗我們偏見的基本動力，同時也能促進改變之技術師（technician）的建議協助。只有靠現在稱為「諮商或心理治療」的歷程方法，我們才能對自己的基本概念與動力結果有所覺察。換句話說，只有在重新認識自己的諮商或心理治療歷程中，我們才能對自我偏見獲得有限的覺察。只有對照外人所提供較客觀的觀點和參考，我們方能嘗試對內在動力與動機進行客觀的評估。

但即使偏見中一些有害部分已被消除，我們獲得其他更適合的偏見後，面對

59　這些新的偏見，我們對自己的動機仍舊無知。

撇開自我認識的限制，即使沒有心理治療的幫助，我們也可透過某些途徑獲得一些洞察。也許**自我反省**（introspection）仍舊維持模糊與不確定，但對自己的**觀察**（observation）就非常有幫助。我們——可以這樣說——能夠回頭看看，隨時注意自己正在做什麼。這種觀察態度是唯一有效的自我理解策略。我們只能專注在行動上，而非注意著行動後頭有什麼。**我們能夠確定行動的方向，同時就其目的做出結論。**

我們行動的意義

行動的背後動機，如我們所說，是模糊且曖昧的，但行動的方向往往很明顯。我們可能不清楚行為的目的，但卻能看見結果。若我們願意將合理化先擱置一旁，或許就能發現新的自我評估取向，即是那些我們一直以來常無意識地用來評估他人的準則方式，我們透過他人的**行為**（deeds）而非靠其**言語**（words）來評估他們。若某人說他有多麼喜愛我們，但卻待我們不友善，這便不是深刻的友誼。我們認為透過行為顯現出來的真實動機，遠比言語所說的更準確。

在評估自己時，我們多半採用相反的方式。若我們的行為令人反感，我們會將矛頭指向動機：我們不是故意這樣說或這麼做，那全都是誤會或意外。換句話說，我們使自己的行為不足採信，並捍衛意圖，藉此欺騙自己。

要邁向更好的自我評估，第一步是認清自己的偽裝。我們**原本要做的**並不重

60　要；重點是我們**做了什麼**。透過採認我們行動的帳面價值，我們可能會願意去接納自己的完整責任，而不是躲藏在正向意圖之後。一旦我們接納自身行動如同真實的意圖表現，就能學到許多關於自己的事。看著自己的行為及其結果，我們可

社會平等

以看見它帶來的是合作或磨擦；到底是為共同福祉帶來貢獻或是對他人造成傷害；究竟是**走向**他人還是與他人**對立遠離**；究竟是引發靠近還是疏離。每件我們所做之事的基本目的，都表明了行動的社會意義，從而反映出我們自己的社會態度。當學習到覺知我們的行動，我們便可以改變行動──也藉此進而改變自己。

我們應更寬廣地來理解「行動」一詞。任何我們所做的事都是行動，不只透過肌肉的行動，思考也是種行動。單單藉由思考，我們做事、移動自己。思考提供我們良好的機會來認識自己的意圖。

有時人們認為，思考只是行動的準備，但其實思考也能用來代替行動。引發行動的想法與逃避行動的想法有不同的特徵。準備性的思考有目標性且帶來進展，透過考量先決狀態取得結論。而替代行動的思維歷程卻完全不同，我們假裝在推敲解決方案，而實際上思考過程阻止了結論到來。思維來回盤旋，反覆無常卻又停滯不前。我們持續反覆思量相同的優缺點，卻無解決之道。

只要觀察到自己一再琢磨著同樣的論述時，即可確定我們正陷於自我欺騙的過程中。我們只是假意在尋找，事實上卻逃避任何行動。在看似迫切追逐結論的 61 樣貌背後，我們隱匿了對行動的不情願。我們如此「賣力」思考，以至於到了從不停下思考開始行動的地步。我們可以「點」出這種本質上可能導致不良後果的偽裝，進而迫使其中斷。

有一種相關且頻繁的自我欺騙形式便是猶豫不決（indecision）。同樣地，我們大量思考卻缺少邁向行動的動作，與所宣稱的行動期望相反，實際作為完全未能顯示出任何這種意圖。猶豫不決總是在自我欺騙，因為它預先設定了渴望要做點什麼的意識，而主宰的渴望卻是採取相反的作為。在**無法**決定的**偽裝**之下，我**們決定**了什麼也**不做**。

舉這個例子來看，一個女孩無法決定是否要嫁給某位求婚對象。雖然她不知道自己行為的目標，但其搖擺不定能為她將來不論發生任何事皆可推卸責任，為所有的可能發展預備藉口。若她「擺盪」到最後同意婚事，那她就可以永遠記得

自己一開始根本不想跟對方結婚，所以婚後便沒有義務對婚姻盡力。而若這求婚對象因為她的遲疑而退縮，最後離開她，她也可以責怪對方害自己小姑獨處。

然而這女孩行為的真實動力其實更有趣。我們可以這樣來證明她其實已經下定決心，只是不願承認而已。若問她是否覺得自己會嫁給這個男人，一如預期地，她會毫不遲疑回答：「我不知道。」她是否能想像——讓我們先這樣說——一年後自己與對方結婚？何者比較有可能？根據她不願做決定的假定，她自然會回答，她就是不知道，以試著逃避這個問題。但這是機率法則的問題：我們永遠不知道下一刻會發生什麼事，但在一定可能性的基礎上，我們仍能將某個結果視為理所當然。若我們問她下班後是否會安全到家，其實她並不「知道」，但她會認為自己可以平安抵達。她無法確定，但她仍然可以仰賴這個高度的可能性。對她可能的婚姻來說也是如此，她能否比較容易想像一年後將與現在的求婚者結婚？或是讓她想像屆時自己不會與他結婚比較容易？如果她不太願意為自己的行為承擔責任，她就會意識到，在這一點上，她想像的其中一種或另一種可能性稍微容易一些。不論任何一種狀況都有可能，就算只有 51％與49％的差別，都顯示了她現在的「決定」。不論哪一種她比較容易想像的可能性，都反應了她現在的「意圖」。當然，她也可能改變主意，但此時此刻她已經做好決定，儘管她仍可以因為自己尚無「計畫」，而在面對任何可能發生的事時假裝無辜。實際上，她的行動計畫已經準備好了，她只是企圖遮掩而已。

另一種掩飾立場與行動的方式就是假定自己堅定不動。有些人真心認為自己不為所動，堅信自己沒有任何行動。這是個明顯的謬論，隨著人生往前行進，無人能不為所動。就算是堅持不動也是種行動，抵抗生命、抵抗參與。時間的進展就像是手扶梯，我們與之共進。運動的必然性掩蓋了靜止的假定。不論我們做什麼或不做什麼，都是參與的一種表現。

對過去和未來過度掛心，是我們用來隱瞞當下心態的方式。特別是對未來，巧妙地用自身的存在來做為看似面對責任實則推卸責任的幌子。過度關心過去和

未來的真正意義顯而易見，它忽略了我們只活在當下的事實。我們完整的生命涵 63
括了一連串的時刻，只有特定的時刻呈現了生活的義務及必須性。自然地，當下
的此刻同樣被過去和未來包覆，連結兩者。我們可以有成效地思考過去來取得對
現在的理解，應用所吸取的教訓；也可以想著未來以預備行動，制定計畫，但兩
者都不代表要以犧牲現在做為關注過去或未來的代價。然而這正是聚精會神於過
去與未來的目的，過去和未來看似比微不足道的今日更重要——在此時，義務如
此難以下嚥。擔憂未來可能會帶來什麼、屆時又該怎麼做，會產生一種錯覺，讓
我們看似有高度的責任感，同時也掩飾了我們吝於為今日負責的樣貌。**為未來做
準備的唯一方法便是滿足今日的需求，若今日需完成之事看似無意義，那麼明日
也不會有更好的機會。**因為明日又會是個微不足道的一天，承載了所有的責任和
義務，令野心勃勃的人認為難以屈就。許多人藉著宣稱自己的理想主義，來逃避
現在的義務。

情緒背後

　　行動和想法揭示行動方向，藉此，我們發現一些使人運作的內在動力。相同
地，情緒能夠引導我們洞察，因為情緒擁有目標與目的，引導我們面對或遠離某
些人或某些事。我們無法對抗情緒，因為情緒代表真實的我們、真實的意圖，但
我們可以學習去理解情緒。了解到情緒的意義或目的不一定能改變它，但仍有改
變的可能。若我們重新思考計畫和意圖，情緒就會跟著所選的新方向而行。

　　當然，如此的自我觀察（self-observation）不應成為家常便飯。若自我觀察 64
成為規律，它就會轉移我們的注意，使我們較忽略必須面對和解決的生活困境，
也會使我們太過自我中心與自省，同時干擾我們的幸福感與功能；更有甚者，自
我觀察可能會鬆弛每種能帶給生命力量與方向的情緒。事實上，**專注於自我觀察**

可能會變成另一種避重就輕，如同專注於過去和未來一般。任何嘗試對自己進行評估的企圖都應限制在適當的場合，像是當我們走到人生的十字路口，或意識到需要坐下來為自己進行盤整之時，重新考慮自己身在何處，未來又該何去何從。在危機時刻、覺得被逼至角落，或已經山窮水盡之時──每個人的生命中都可能發生這種時刻──好好自我思考，我們就能從中受益。

　　若說今日的人類就處於這樣的十字路口，也不算牽強附會。通往平等的道路已經被選擇了，然而在許多方法上，我們的概念和態度仍然基於過去傳統威權的前提之下。我們必須重新導向目標，為新目的得出新的結論。全體社會性的大規模自我省察已經就緒，秉持這個想法，看起來此刻值得檢視目前世界所盛行的基本概念與態度，好讓我們在轉化至民主過程中，能安然度過風雨飄搖和動盪的轉換時刻。

互動與人際關係

第 4 章

某些非常根本的態度和觀念，使得我們的整體生活（包括個人與社交生　65
活），都由它們來賦予特色和決定。它們孕育或阻止和諧與相互合作，也在我們
能否與他人互相生活的能力上，負有成功或失敗的責任。

基本態度

有兩個彼此相斥的基本態度（basic attitude）組別，且任一組都包含了四個
互相補強的屬性。四個建設性的態度是合作的基礎；另外四個相對的態度則是衝
突與磨擦的來源。一邊為：社會情懷、對人信任、平等感受與勇氣；另一邊則
是：敵意、不信任與懷疑、自卑感受與恐懼。

能在與他人的關係中，以相對立為一組的方式辨識出這些基本態度，是很有
用的。於是它們看起來如下：

社會情懷	敵意
對人信任	不信任與懷疑
平等感受	自卑感受

這些基本態度帶來一定的行為模式，表面上被定名為性格特徵。仇恨、羨慕、嫉妒、虛榮以及貶低他人等，都是用來抵抗生活要求的防衛機制，扼殺了人們參與社會環境的自然傾向。另一方面，忍耐、和善、慷慨，展現並強化了合作的意願。

66 社會情懷

社會情懷是人性中最重要的特質，卻並非是先天的，但我們先天都具備發展出社會情懷的能力，它並非停滯不動，而是隨著生命或增或減。當我們成功時，我們會放大強化有歸屬感的區域，當失望或失敗時則是限制它。我們的失敗展現了社會情懷的匱乏。唯有在我們感受到歸屬感之處，方有高度的容忍力，也才能面對任何生命為我們預備之事。社會情懷的程度會持續受到生命中所有逆境的考驗。在社會情懷關照的領域之外，我們將夥伴視同敵人般警惕防備著，隨之而來的敵意與懷疑會持續阻礙我們的合作。

因此，這歸屬感預先假定了對他人的信心，在服務眾人需求的共同任務中，我們視彼此為同胞。若我們對夥伴沒有信心，不信任和懷疑便會破壞我們與共同福祉的連結，無法彼此信任的最大根源並非因為利益衝突，而是因為我們對地位的擔憂。只有對自己平等的地位有信心，我們才能成為我們兄弟的守護者（brothers' keeper）。自卑感受削弱我們的勇氣，加深恐懼，是所有合作的主要障礙。對成為自由之身並發現自己與他人平等的人而言，恐懼是罪，是奴隸的屬性（attribute of slaves）。我們的恐懼傾向乃是尚未克服的奴隸心態之殘餘。

自卑感和恐懼是社會發揮功效與內在平靜最大的威脅。如果沒有恐懼，如果

我們不受個人與社會卑劣感所影響，那麼我們就能忍受生命中的苦難，也依然有能力去合作、與他人共同參與努力，並使用內在資源來對眾人有益。自卑感限制 67 了所有重要的社會情懷的發展，因此可視為人性中最具破壞力的特質。

自卑感

這裡要處理的是現代人面臨的嚴酷問題。民主時代，人唯有在平等中以平等之姿才能運作。要能做到這一點，人們唯有先將自己從禁錮他的自卑假定中解脫，使其對自身能力的覺察不再盲目，不再剝奪其內在自由、他的平靜與寧靜狀態。自卑感促使他發動不必要的戰爭，令他防備自己的同胞，又為不真實或虛無的勝利奮鬥，而不是竭盡全力使地球成為宜人居住之地。在努力以民主精神建立穩定的社會平衡中，我們的主要任務之一，就是消除我們內在結構和傳統所制約的個人和集體的自卑情緒。唯有掙脫自我懷疑的拘束，人們才能獲得自由。

首先，由於人體結構的生理性不足（人類的生物性自卑，biological inferiority），人類領悟到自我在宇宙中的渺小和微不足道（人類的宇宙性自卑，cosmic inferiority）。人類為生存而掙扎奮鬥時，經驗到造成自卑感受的大量機會，暴露在社會性自卑（social inferiority）的個人感覺中，這些感覺來自非立基於平等的社會機構中。除非每位成員都認知到自己享有平等的社會地位，否則社會平衡就無法穩定。社會平等需要他人的認知，也需要個人自己的認知，在缺乏相互理解之地，社會鬥爭將隨之而來；反過來，鬥爭又加深了每個抗爭者的社會自卑感，特別是孩童，承受著人類無法平等對待同胞的所有衝擊。將自己從自卑 68 感受中解放，無異於將我們從現行包圍著我們的文化和社會模式中解脫。然而，唯有我們想要自由並建立真實的民主社會時才可能做到，也必須如此做到。

實際上，自卑感受不是一種「感覺」上的情緒。情緒性面向只是一種對外的

表達，在這之下，是一個**概念**，一個信念，一個理智思考歷程。我們假定我們就是，或者也許是，比他人自卑，自卑於我們想要成為或認為自己應該要有的樣子。雖然無人能完美，甚至無法接近他所可能成為的那樣強壯、有能力或那樣好，這個事實本身並不足以合理化自己的劣等感受（feeling of inadequacy）或自卑感受。事實上，**自卑感受的程度與強度與實際的能力或缺陷沒有任何關係**，能力較差和較不足的人表現出較高的自卑感並非實情。事實上恰好接近相反，一個人展現愈高的企圖心、成就愈多事，一旦在最在意的事情上失敗了，就會有愈強烈的自卑感。強烈的自卑感常在那些同輩人眼中成就愈高的人身上找到。這是個重要的事實，使得「自卑感是合理的」此一假定被推翻了。愈是「優越」便愈會感到自卑，而能力愈差者，就愈不會被無能感受所束縛。因此，**感覺**到比他人自卑與**實際**比他人自卑並無關聯。我們面對的是一個主觀的評價，基於對自己的偏頗態度，對事實的錯判。

自卑情結

　　我們為自卑感受付出高昂的代價，不只局限在普遍性的緊張、焦慮、不確定和沒安全感。我們無處不懷疑自己的價值，乃至到了無法補償的地步。於是緊接著，我們宣告徹底潰敗，開始放棄某些特定甚至是所有的活動，並將自己埋身在各種藉口的排列組合裡，我們唯一的替代行為，是從部分或全部的任務中退縮。我們因自卑感而被刺激出補償性的努力，直至最終產生自卑情結（inferiority complex），對自我不足堅信不疑，我們便不再進行任何補償行為了。一旦完全氣餒，孩童與成人都會使自己看似更加脆弱，比實際狀態更不足，任何哄騙或說服都無效。他們藏匿自己，躲避在真實或想像的脆弱之後，以逃避任何令自己的脆弱更加明顯的痛楚──又或者更加丟臉的任務。他們在接受試煉**之前**就傾向宣

69

稱自己失敗。有些人只會在工作領域、兩性關係或社交聯繫上展現這一點；在其他不被影響的領域中，他們可能運作良好，因為他們相信自己在該領域的能力。然而，還有其他人會全面放棄。我們的精神機構、看守所以及監獄裡，就存在許多已放棄任何可以提供社會地位之希望的人。

殘酷的問題是：是否這些異常者、失敗者，得先克服自己的不足之處，才能獲得我們的尊重？還是我們必須先尊重他們，才能使他們復原？接下來這個例子，凸顯了我們現行在面對所有較不幸、生病或異常者非常傷感的一頁，故事來自萊克曼醫師（Dr. Frieda Fromm-Reichmann）在美國精神醫學學會（American Psychiatric Association）會議中所描述。

萊克曼醫師，身為療養院主任，在辛苦一天後正準備關上大門時，一位受思覺失調症（schizophrenic）所苦的年輕女病患走向她，和她說話。某種程度上，女孩挑釁了她，激怒了萊克曼醫生。當然，萊克曼醫生，這位非常敏感且富有同理心的人，事後感到非常難過，對自己所做的深感後悔，因為就算是面對一位正常人，她都不應如此對待，更何況是一位無法對自己所作所為負責的女病患，她如此想著。但在隔天早上，當她回到辦公室，發現信箱裡有一封女孩寫給她的信，為醫師的所作所為萬般感謝。她寫道：「已經很久沒有人把我當成正常人一般對待了。」

我們都能從這個故事中學習到一件事：對待每個人——病人、罪犯，所有惹上麻煩的人——如同正常人一般，他們遠比我們假定的更正常，他們只是做錯事而已。就連精神性妄想或幻覺也彷彿一般人的夢境一樣，不同的只在於思覺失調者是「張著眼」作夢而已。關於睡眠不足的最新研究顯示，當人睡眠不足一段時日之後，就會開始出現精神性症狀，彷彿醒著作夢。

70

精神疾病，一個出口

　　傳統上，我們逐漸能夠接受精神病理學的三種形式：神經質（neuroses），精神病（psychoses），以及從前所謂的心理病態人格（psychopathic personality）而現在稱為「性格失調」（character disorder）（譯註：根據 2013 年美國精神醫學學會所出版的《精神疾病診斷與統計手冊》第五版，過去的性格失調症已更名為人格障礙症〔personality disorder〕，並在診斷條件內容上大幅修改）。根據治療師的取向，這三種所謂疾患的動力被理解與解釋的方式全然不同。湯瑪士・薩斯（Thomas Szasz）[8] 否認任何形式的精神疾病，其他人則認為，幾乎所有與良好行為及功能有所偏差的均應視為疾病，特別是當此偏差發生在孩童身上時。

　　功能上無法良好運作的孩子，現在被稱為「情緒障礙」（emotionally disturbed），有逐漸增加的趨勢。然而許多時候，我發現這類孩子多半只是社會性不適應而已，而非情緒上生了病。因此，我們可以說兒童精神病學的精神病專業是過度誇張了；通常，兒童精神科醫師所看的「病患」需要的是輔導和教育，而非治療。當然，的確有孩子是心理生病了，他們是真正的精神病患者，而且相對來說是較小的族群。

　　尋找器質性因素來解釋異常行為的傾向，取決於觀察者的政治面貌。因此，人們發現保守和專制的人尋找遺傳或生理的原因，而自由和民主的人強調心理因素。[9] 這在兒童學習障礙上已經成為高度爭議的話題。

　　就我所見，所有心理病理情況顯示了社交需求的脫逃，具有各種形式的障礙特徵機制。神經質僅是假裝的疾病，一種主觀覺得生病的感覺；而精神病是一種極端性的機能失常，沒有病人意識到他生病了。對衝突的回應本質區分出各種精

8　Thomas S. Szasz, *The Myth of Mental Illness* (New York: Harper & Row, 1961).

9　Nicholas Pastore, *The Nature-Nurture Controversy* (New York: King's Crown, 1949).

神疾患的種類。

　　神經質者透過創造症狀來為自己找藉口，藉此逃離他的失敗感受，症狀總是在危機事件中被創造出來，使得個人無法在基本生活中發揮生活功能。因此，每個人都有自己的危險地帶：一個無法再投入工作的人會開始生病；另一個在友誼中不再得到支持的人開始轉向工作。我們已經討論過症狀的發展機能，一旦我們開始與自己鬥爭，就可以實際上「選擇」任何所想要的症狀。在危機情況中，出現無數這類自己與自己鬥爭的機會。症狀根據其效能被選擇出來：當一個症狀無法帶來想要的結果時，就會發展出另一個症狀。 72

　　絕大多數的當代人都帶有神經質，因為每個人都發現自己處在一個無法相信自己有能力得以成功或克服困境的環境中。**他的神經質是某種疾病的臨摹**。真正的疾病具備兩種特質：功能無法正常運作與不舒服。因為神經質者——和許多的我們一樣——傾向於受苦，我們都容易被生病的感受所感染，特別是疼痛和痛苦帶來的干擾影響；但簡言之，神經質症狀幫助病患挽回明知該為卻無為的顏面。

　　精神疾病的問題又有所不同，特別是思覺失調症。在此，病患因為他的匱乏感和完全缺乏社會情懷而感到不知所措，他從現實中退縮，透過自己的妄想和幻覺，創造了與自己的私有邏輯一致的自我世界。當我們接觸這類病患時，只要能使他們覺得「被理解」和「有歸屬」，即可阻止這種思覺失調的歷程。

　　所謂的人格障礙，在現代場景中有其顯著性。一個對自己在社會上獲得成功的能力失去信心之人，可以輕而易舉地鄙視且「成功地」違背社會需求，突然從自卑狀態轉換到優越的位置。許多少年犯展現出「道德優越」的氣勢，他們認為自己並沒有錯，總能將自己的過錯成功地責怪在他人和社會之上。過於理想主義或偏差的形式，如同鄙視又無視社會需求一般，同樣干擾著社會。反對已存在的社會需求可能帶來進步，也可能帶來混亂。一旦失敗，革命家可能被視為罪犯；萬一成功，便成為英雄。但誰又知道接下來會發生什麼事？在我們這混亂、無規範、缺乏秩序和價值的狀態中，已經發展出普遍的戰爭狀態。不法與犯罪提供了 73

「成功」反社會的原型（prototype），一旦他們無法共享社會所建立的價值觀，他們便活在自己的標準之中。

PART

III

—

衝突的動力：
從童年到成年

世代間的戰爭

75　　很少有人意識到我們的父母所處的困境，也鮮少有人意識到自己身處在非理性的環境中。似乎除了我們這個世代的父母之外，幾乎世上生物都知道如何撫養自己的後代，父母對於該如何和孩子相處毫無頭緒。縱使大部分的父母都擁有最佳意圖，卻普遍缺乏執行方法。

　　克法拉西斯（W. C. Kvaraceus）曾提過關於孩子的「違反常規的行為是個連續光譜現象」（continuum of norm-violating behavior）。在光譜的一端是：早上爬不起來或晚上不肯睡覺、吃太多或太少、不負責任、和手足爭執、不做功課或不分擔家務的孩子，換句話說就是一般孩子的常見狀況；另一端則是青少年罪犯。在這個現象的兩端之間沒有質的區別，只有量的分別，也就是對秩序和成人要求的對抗程度（degree）差異。[10]

　　這樣的狀態是怎麼回事？克法拉西斯將此現象歸因於低品行道德對中、高階層家庭的入侵，但父母何以無法影響他們的孩子，則可能有上百種不同的解釋。

　　教養孩子一直都是種傳承（tradition），父母不用透過聽演講、看書或尋求諮商就能和孩子相處，而且多半是遵從該社會傳統的指引、世代間的學習。瑪格莉特‧米德（Margaret Mead）觀察南海群島的原始社會時，她發現每個部落都用

---

10 W. C. Kvaraceus, *Delinquent Behavior* (Washington, D. C.: National Education Association, 1959).

不同的方式在教養他們的孩子，進而引導出不同的人格類型。[11] 而我們也可以想像得到，在每個部落中，幾百世代以來，孩子都是以相同方式被教養長大，而每 76 個成人和孩子都以此約定成俗的方式在互動著。

我們現在的困境是：在第二次世界大戰後的民主改革下，美國可謂集其大成，前所未聞的平等概念激發了每個人對自我權利的重視，沒有人願意接受先前所謂「主流群體」（dominant group）的規範與命令。女性不再屈從於丈夫的要求，而當丈夫失去掌握妻子的權力時，夫妻也同時都失去了掌控孩子的權力。父母不再能「要求」孩子做他們該做的事，也無法阻止他們做自己想做的事，這樣的狀況也發生在勞資關係、黑人與白人之間。過去專制制度下賞罰分明的作法已被揚棄，然而從內在去激發孩子的方式卻鮮少被父母和教師運用。

缺乏民主教養方法的相關資訊，是父母在教養上的困境之一。民主是現下唯一能被運用在解決衝突上的方法，然而在家庭或社會中都過度忽略民主程序（procedure）的重要性。父母承擔了這個文化缺失的所有苦果，因為他們認定維持家庭秩序與和諧是自己的義務，但卻發現自己僅知的傳統方法已不再適用。

母親對孩子的不適切教養並不能咎責於母親本身的適應不良，而是文化模式阻礙了父母的效能。天底下沒有任兩個母親在人格、背景、教育上均相似，但是**所有的**母親都會犯相同的錯誤：喋喋不休、承擔太多責任。她們受困在文化對於 77 「好母親」的概念之下，承擔起所有責任，而孩子們仍然恣意妄為。

在父母期待能學會應用新穎且適當的方法來影響和引導孩子之前，還有另一個更惱人的要素需要討論：成人和孩子間的交戰仍然存在著。[12] 只要這個戰爭持續著，就鮮少會有父母能從當前文化模式跳脫出來，更無法運用基於相互理解、

---

11 Margaret Mead, *From the South Seas* (New York: William Morrow & Company, 1939).

12 少有教育者和兒童心理學家了解成人和孩童間一般化戰爭的重要性，除了瑪莉亞·蒙特梭利（Maria Montessori）之外。她在過世前誠摯地呼籲「去軍事化的教育」（《蒙特梭利》〔*Montessori*〕期刊，4期，1950，頁 9-27）。

信任、尊重的教養方式，從而再提升此方法的品質。

代間戰爭

我們正在見證這種既顯而易見又隱微的代間戰爭，這在人類歷史中也不是新鮮事。代間戰爭就如同性別戰爭一樣由來已久，每當其中一方群體占上風，另一個次群體就會有所反動。在威權社會中，有權力的群體就等於擁有社會支持，因此反動群體就不容易公開表達其訴求；然而相較之下，現今社會不盡然會支持有權力的一方，使得身處在這個世代的父母面臨社會輿論指責與控訴的圍困。

然而，即便許多父母無法明智地對待孩子，這樣的錯誤仍遠不及現今全體成人社會的過錯。在多數例子中，認為父母既不接受也不愛自己的孩子的這種假定並不合理，父母與孩子爭鬥是因為他們感到自己被孩子擊潰。在此情況下，父母無法表現出自己有多愛他們的孩子。

孩子跟我們是平等的

對多數成人（特別是父母）來說，認為孩子與自己平等是很荒謬的想法。為了能與自卑感受相抗衡，通常我們都會花很多力氣去找各種理由證明「自己比他人更優越」的假定。試想，我們能從哪找到比從孩子身上更能自我證明的理由呢？孩子們是幼小的，「大」之於「小」猶如「強壯」之於「脆弱」，這便是我們對從優越到自卑量尺的假定原型；體型較小的人，在生理能力、技巧與經驗上自然有一定的限制，即便我們知道無人應該因其本質與能力的匱乏而被剝奪應有的尊重，也不該剝奪其社會地位，但我們也只有在自己不被威脅的狀態下才能維

持這樣的平等態度。然而，成人總是感到來自孩子的威脅，結果就會變成：成人得要透過強調孩子的幼小、不足以自我補償。他們的難處來自於覺得無法「控制」自己的孩子，因而不願認清孩子其實是一個平等的個體，也無法平等地對待他們。

任何年齡層的孩子都如同每個典型的人類，渴望在群體中占有一席之地，也反抗壓迫。許多家庭的日常生活，特別是有孩童的家庭，總要從爭執開始，這樣的煎熬深刻描繪出現下家庭及教育機構的特徵。只要我們情緒上、認知上還沒準備好視孩子為平等，我們就無法用民主氛圍來引導孩子。我們表現出來的偏見只會讓孩子覺得自己不隸屬於這個家庭、學校、社會甚至世界，於是孩子表現得像個異鄉客、局外人。在多數案例中，這些孩子就是如此被對待，很少有成人能對待孩子如同對待其他成人那般平等。

為什麼我們不信任孩子

為什麼成人總是低估自己的孩子，且認定自己就是比孩子還優越呢？在所有的偏見中，不難發現總有一些威脅、害怕不足的陰影在刺激我們對自我膨脹的渴望，而我們也很容易在成人身上看見這樣的恐懼。

父母和教師通常不太了解該怎麼去影響孩子。他們很清楚並承接了撫養、教育和影響孩子的責任，但當他們堅守傳統且無效的方法時，孩子便無視於師長的教育指導，進而使得師長感到挫敗，自此展開惡性循環。成人受自身責任感的驅使，自然不能忍受這種挫敗，所以變得更害怕，擔憂若是無法妥善控制孩子，無法強迫孩子服從自己並接受建議，默許他們對正當行為的要求，接下來就會發生種種災難化的後果。師長通常未意識到自己所做的並非為了孩子的福利，只是為了符合自己的利益，為了保護正搖搖欲墜的權威。然後，師長愈是增加力道以確

保孩子能乖乖服從，孩子就愈會反抗和蔑視師長的威權作為。

　　成人不信任孩子的理由還有很多，由於成人在這個充滿危機、變化和不安全的世界中感受到自己的不足，因此假定，**合理地推論**，渺小且更不成熟的孩子必定比他們更受威脅，也更感到不安。若從結果論之，與成人相較，這使得成人在評斷孩子的能力時缺乏信心與尊重，也令他們不認為孩子的能力值得被尊重，更不用說成人會認為孩子可以照顧好自己和管好自己的事；更有甚者，因為父母經常對自己在外界的社會聲望感到戰戰兢兢，使得他們在家與孩子相處時也會尋求一個安全的地位，至少在家中，他們希望孩子能感激他們的強大、有力和能力；特別是母親，會努力透過孩子來證明自己的價值。他們通常不會意識到自己有多常試圖在孩子心目中強化父母是有能力的印象，就連對幼小、無助的孩子做的任何事，也都能讓父母從中獲得滿足。

　　成人經常向孩子展現自己是耀眼的模範。當孩子還小時，他們確實有可能會被父母的知識、優勢、能力所驚豔，但很快地，父母就會發現無法如其所願，孩子不但不懾服於他們，反而會挑戰父母的優越地位。其實，如果孩子持續相信父母的優越力量反而更糟，因為這會使孩子的發展落入危機之中。一個懾服於父親男子氣概的兒子，可能永遠都會質疑自己為何無法成為一個「真正的男人」。同樣地，高成就、有效能的母親可能也會很納悶地問自己：為什麼她會有這種懶惰、動作慢和不負責任的孩子？

　　自我放縱（self-indulgence）多半也會加入親子的爭鬥中。多數的我們或多或少都是被寵大的孩子，還沒學會以平常心看待事物，希望凡事都能如己所願，否則便會感到挫敗。在和孩子的糾葛中，我們很快就會面臨忍耐的界限而不能再和孩子適當地互動。我們藉著為了孩子的福祉這樣的藉口來合理化我們的自我放縱，所以會說是為了孩子好才打他，事實上卻是我們無法忍受孩子的反抗；或者另一種狀況是，孩子沒能完成要求時我們就屈服讓步，因為我們不願孩子在哭泣中受苦，但事實上，是我們無法忍受孩子哭鬧所帶來的痛苦。在這些例子裡，父

母更關注的是自己的感覺而不是孩子的福祉，父母自己的不舒服激起了他們的敵意行為，這讓他們無法成為孩子真正的朋友。對於事情到底應該照誰的方式進行，父母與孩子競爭，在雙方都想贏的情況下，後果兩敗俱傷，並在同時教養出 81 專橫的下一代：使我們感到威脅且學會擊潰我們的孩子。

我們對孩子的誤解

從我們看待孩子特性的一般觀點上，就證明了成人持有偏見的這個假定。某些科學觀點建立在人類動物本性的假定基礎上，而這類觀點之所以被廣泛接納，是因為此假定本身也增強了這種偏見。例如，我們視嬰兒為寄生者，受到動物性的衝動、本能、驅力所驅使；他總是自私地試著滿足自己的本能，而且必須在成為真正社會化生物之前，被好好地「馴化教養」。多數成人並不知道孩子可以做出明智且令人信任的行為，而以孩子毫無責任能力為前提來對待他們。即便是非常幼小的孩童，其行為的合理程度，都比許多父母多半認定的還要多，甚至若說孩子的行為比其父母更合理，也不是什麼稀奇事。即便是嬰兒，只要在被充分尊重且不寵溺的恰當對待下，也能自主性地回應社會要求。倘若成人願意給孩子機會，讓孩子透過反覆嘗試錯誤與修正，直到達成他們所期望的結果，孩子就能在非常小的時候學會接納責任。

說到智能，孩子不單擁有智能，也能妥善地運用它。當然，由於孩子的目的和父母不同，父母多半無法體會到孩子的智能，孩子甚至也會運用自己的智能對抗父母，違背父母的期望。

縱使孩子並不清楚自己為何做錯了，訓練有素的觀察者也可以看穿其最糟的行為背後的目的。

我們觀察到孩子錯誤行為有**四個目的**，傳達出孩子對於自己是否重要、是否

有地位的錯誤假定（mistaken assumption）。孩子可能會令父母為自己疲於奔命（目的1）；令父母陷入權力競爭（目的2）；像自己感到被父母傷害的那樣去傷害父母（目的3）；或者，為自己已預料會失敗的任務找藉口（目的4）。稍後我會更詳細討論這些目標，但在此之前需先澄清的是，孩子並未覺察到自己的真實意圖，而一旦向他揭露這些目的時，他會以「承認反應」（recognition reflex）來回應（譯註：「承認反應」一詞為作者的慣用詞，用在描述當孩子的內在真實目的被揭發時，孩子往往會不自主地以表情或肢體等非語言訊息來回應諮商師，常見的反應有會心一笑、眨眼或尷尬乾笑等）。

諸如此類的戲碼不斷輪番上演，孩子總是比父母還聰明。孩子的行為具有邏輯和智能，能使其了解感知周遭的情境。但是對父母們來說，當他們無法看清孩子的行為範疇，而自己與孩子都表現得像是社會對抗分子時，孩子的行為就會被認為是不經大腦或不負責任。

不同於許多專家希望我們相信的，孩子並不是需要宿主的寄生蟲。確實，嬰孩無法靠自己移動或自行找尋食物，從這角度來看他是需要依賴母親的幫忙，然而殘疾人士也需要依賴他人，但沒有人會將他們貼上「寄生」或「不成熟」之類的標籤。即使是個嬰孩，在某種程度上他也都比父母想像的還能照顧自己，雖然受限於肌肉力量、理解力和智力發展，但這些並不足以讓他們感到較為「自卑」，也不代表嬰孩與其他人有何本質上的差異。孩子的許多缺陷都是後天人為的，是父母忽略了嬰兒或孩童本身具備的許多能力後才被塑造出來。[13] 當父母不再「造成」孩子的缺陷與偏差行為，便更能藉由孩子的回應來幫助孩子創造更多可能。

---

13 聲啞家長撫養正常嬰兒的研究已能證實，嬰兒擁有有效能且具智慧的情緒因應能力。當嬰兒覺察自己的哭泣聲無用時，他們會不發出聲音地哭。聲啞人士的新生兒在出生一、兩個月後會哭出聲來，而一旦他們沒有得到回應後，就會漸漸放棄哭出聲音，當他們長大些後，孩子會在生氣時跺腳，因為父母會知覺到樓板的震動而回應他們。

「成熟」的謬誤概念

　　當對抗某群體的偏見愈盛行時，就會創造出某些詞彙來象徵對該群體的敵意。例如，當身為成人的這個世代被自己的孩子徹底挫敗時，便會發明相應的稱號來回敬孩子，最典型的是我們會拐彎抹角地攻擊孩子，好隱藏我們的敵意。我們會形容一個成人的不當表現「不成熟」，但並不會這樣說孩子。這樣的說法明顯意味著成人的「成熟」其實是一種優越的表現，同時也意味著一個適應不良的大人會表現得「幼稚」，是以自卑。然而，我們無法證明成熟就意味著超越自卑達到優越，只是成人很少會這麼想。

　　對於成熟的概念，是我們這個已然是極度困惑的世代中，最危險也最令我們受折磨的謬誤之一。受困的人們，特別是氣餒的孩子，常因為被貼上「情緒不成熟」這樣的專業標籤，而感到更被貶抑或更沮喪，這對他們既毫無意義，也無法提供任何理解與引導方向，更給了他們在做不好時有額外的藉口來推託。因為「不成熟」只能**造就**出「不夠成熟」的行為！事實上，「不成熟」的大人和孩童有一個共通點：他們都使得身旁「成熟」的成人感到困擾。

　　那麼究竟「成熟」的意思為何？成熟意味著有現實感、適當的知覺、不自私、情緒控制、可信賴和獨立性。簡言之，成熟代表適當的社會性和情緒性行為，毋庸置疑地，許多人缺乏了部分或所有的這類特質。但「不成熟」一詞**所指的不足處，對幼童來說卻是再正常不過了**，只有在青少年和成人身上不足時才不正常。因此，孩子失控、自私或行為不當多是源自錯誤的教養，而非因為「孩子氣」。最終，錯誤的孩童行為會演變成錯誤的成人行為。被評價為成熟、舉止恰當的成人，其童年行為多半亦是如此；適當舉止和社會調適、成熟跟年紀或成長歷程，是沒有關係的。

　　成熟的過程是指一個成長性的發展，像是身體發展、腺體功能、技能、知識

等，隨著個人從嬰兒過渡到孩童時期、最終成人的這個歷程。但在社會性和情緒性的調適上，卻看不見在成長歷程中有這樣的變化。青春期時，孩子學會掩飾自己的真正意圖。孩童與成人的區別並不在於孩童較缺乏良善特質，相反地，孩童往往具備更豐富的良善特質，然而這樣的狀態通常會在成長過程中逐漸消失。還沒學會掩飾自己的孩子比較會表達自己的意圖和態度，他們對特定社會氛圍下的人我關係本質更敏感，且通常具有創意和想像力。這些「好」的部分，往往會在孩子的成長過程中被訓練他們的方法所扼殺。成人通常不如自己在孩提時代般的豐富、具備資源，但做為補償代價，他們反而認為自己更成熟且優越。

倘若我們對孩子沒有如此大的偏見，應該會認為被稱為孩子氣或幼稚是一種讚美而不是輕蔑與羞辱。任何一個知道如何與孩子相處的人都會認同，孩子比我們想的更有反應、更明智、更有準備度、高度理解力、容易嘗試改變。在兒童諮商輔導領域，我發現幾乎每天都能找到證據來證明，相較於孩子的父母親，一旦對孩子解釋清楚他們在家中所扮演的角色，他們就能更快理解，也更快掌握到人際動力的重要性，亦可發現孩子對於改變的準備度是何等之高。

85　　給人貼上「情緒不成熟」、「孩子氣」的標籤，除了謾罵之外毫無意義，而且謾罵是種容易散布蔓延的行為，這類標籤一旦為大眾接納，我們就很容易在被他人激怒時採用這樣的標籤。但我們應該記住，沒有任何被稱作是幼稚的成人會表現得像一般嬰孩一樣。「成熟」的概念不過是一種當成人覺得被自己的孩子打敗時用來自我顯耀的工具。

偏見的後果

父母對孩子的錯誤認識，反映在許多教養孩子的方式上，主要是父母傾向過度保護孩子。既然實際上並不需要這樣的過度保護，可見這類行為其實是源自父

母自身的關注焦點與動機罷了，多半，是因為母親想要感受到自己的重要性、證明自己的價值，因而驅使她把孩子視為無力也無法保護自己。她把危機具象化，好合理化自己的傾向，總想移除孩子人生道路上的各種障礙。讓孩子感到自己的力量並建立他遠離危機的能力，會剝奪母親自己的重要性；而過度保護會剝奪孩子的力量和自立能力，並讓孩子繼續依賴他人。

當父母過分寵溺孩子時也有相似的動力，寵溺孩子可能意味著過度保護、不當的崇拜或縱容，或是過度協助孩子，但所有寵溺行為的背後是來自我們假定孩子就應在這個時期享受他當孩子的特權，他只需要以後再學習怎麼處理面對這些事情就好，但往往這個「以後」永遠不會到來。一旦孩子享有特權，便會緊抓不放，當之後父母試著要「改掉」這些特權時，孩子會覺得自己彷彿被虐待般，而為了過去曾享受的一切不惜和父母對抗。當孩子被當成是「唯一的孩子」或嬰兒，享受父母待他如同王子般時，他便不能像其他人一樣體會到所謂的平等，也感受不到和他人相同是什麼意思。被寵溺的孩子其實並不快樂，他們學不到依靠 86 自己的力量，而這力量其實能提供他們安全感；他們總是依賴他人，藉由他人來獲得安身之地，變得深信一旦只靠自己時，他們就毫無價值。

有些「專家」並沒有把孩子視為一個人，反而認為「它」只是許多內在驅力的合成品，是一種為了長大成人，自私地尋求滿足、被撫慰和被取悅的東西。他們假定孩子都有天生的「依賴性」，而這假定也允許孩子唯有在得到母親的愛時才能運作、才有安全感。「專家」也告訴我們一定要滿足孩子這些「依賴需求」，否則孩子不會變得獨立。這些「專家」認為，剝奪孩子的原始需求會造成種種不適應，並呼籲母親們縱使滿足孩子的需求會干擾生活秩序，並且把孩子置放於特別的歸類中，也不可否認孩子的需求，造成孩子的挫折。其實嬰孩本就具備了因應社會情境的隱性優勢與能力，父母卻看不見，因此父母自然不認為嬰孩擁有社會功能。是以，當母親採納專家「滿足孩子需求」的建議，一旦當孩子要求更多時，她便會覺得自己像是被占便宜般被挑戰著，孩子也沒有變得更獨立。

雖然母親當下可能會為了避免衝突與緊張而滿足孩子的需要，但縱容與妥協不可能帶來長久的和平與和諧。孩子有依賴需求的概念是種謬誤，只有在母親不被孩子真實或假裝的弱勢所影響時，原本「依賴」的孩子才可能快速地變得獨立。

不聽話的孩子多半是掌控性高的孩子，靠著不聽話逼得父母迫不得已的行動。在關鍵時刻，孩子學到破壞秩序的後果是：讓父母對他感到抱歉並同時「饒恕」他，**他們**便會擔起**他**該負的責任，無論是學校功課、吃飯、維持整潔，甚至是一般的生活秩序。父母沒管好自己該做的事，反而管到孩子該做的事情上了。如果母親能用友善且有耐性的方式稍微放手不管，孩子反而失去對母親的權力，並學會為自身的利益而尊重維持秩序。

父母寵溺孩子的行為背後其實是對孩子能力隱微的不信任，這些不信任經常掩蓋在母親「都是為了孩子好」的關心之下，很少有母親能抗拒這種誘惑，以展現自己能控制孩子的智慧。孩子已在無數場合中被告知過什麼能做、什麼不能做，任何客觀的觀察者都能輕易察覺出孩子其實已經知道自己該怎麼做，因為他已經聽得夠多了。父母通常預期孩子可能會有最糟糕的行為，然而這會刺激孩子依照父母的預期表現，一部分的原因是孩子將之視為挑戰，另一部分是孩子可能全然接受了父母對自己的低估。如果父母（其實對很多教師也是如此）只知道一再重複告訴孩子別再這麼笨手笨腳、愚蠢、自私或不乖，這如同是在告訴孩子：你在我們的期望中就是如此，也會引發孩子向父母證明他們的想法是對的！不信任對任何關係都是種毒藥。一般來說，孩子相信父母遠勝過父母相信他的程度，許多孩子都已確信——或許有足夠的理由——就連陌生人都比自己的父母親還更了解自己，對他更公平。

很少有父母意識到他們有多常羞辱自己的孩子，即便是聲音語調都反映出他們對孩子的不尊重，不是咿咿呀呀的輕柔細語，就是抱怨、努力「解釋」、控訴、命令甚至威脅。在遊戲空間或任何母子待在一起的地方，我們可以觀察到很少有母親能像對一般人的習慣方式好好和孩子說話。在許多家庭裡，責罵和挑毛

病是家常便飯。

孩子的相互性

　　一開始，孩子是有參與或協助家務的傾向，但成人往往因為害怕孩子弄壞東西或弄傷自己，而立即扼殺孩子的努力，父母或兄姊完成家中所有必須完成的家事，年幼的孩子幾乎沒什麼剩餘的事可做，因此阻礙了他們與生俱來的責任感和社會情懷的發展；孩子的有用感、有價值感因為缺乏為他人貢獻的機會而被扼殺。人們多半不會期待孩子有這類行為，孩子唯一能為別人做的只有表現迷人、可愛、逗趣、早熟、討人歡心，同時還不能太招搖明顯，免得干擾成人或造成他們的不快。某些文化認為，孩子在很小的時候就足以勝任許多事情，當把我們的幼兒表現拿來與他們相比時，便會發現多麼浪費了這個世代孩子的能力與內在資源。不幸的是，這樣的浪費發生在孩子一生中最重要的時期：當孩子正在形成自我與生活基本概念之際。接著，在孩子被制止為他人做出貢獻後，他將會突然面臨到各種生活的要求，而這些要求都來自於「證明」自我價值的挑戰。沒有一個孩子被允許能覺得自己本身就夠好也足夠了，只有隨著他逐漸成長、學到更多、增加了自我能力和知識時，或許才有機會思考自身的價值。很多孩子被灌輸這樣的觀念，要變得夠好的基本條件就是不斷自我超越，而這些孩提時代的早期經驗也造就了成年時深切感受到的社會自卑感。

　　下面這個例子揭示了我們對幼童的迷思。我曾在維也納附近的山丘健行，大約中午時分，天氣炎熱，我想喝點冷飲，於是走進一個農家希望能要點牛奶，但只有三個小孩子在。我問他們爸媽在哪裡，孩子們回應他們正在外面田裡工作。「誰照顧你們呢？」我這麼問道。最年長的女孩說是她。後來我更進一步詢問，她說她會幫其他孩子換衣服、做午餐，還會讓他們做些事情直到爸媽回來。「妳

幾歲了呢？」我問她。她說：「四歲。」

　　當我在三十年前把上面這段故事告訴學生時，他們對女孩的年紀嚇了一跳，但有一位從瑞士來的客座心理學教授認為，學生們的反應反倒讓他對於美國人如何看待孩子印象深刻，他同樣也很驚訝地詢問：「你們難道不知道四歲的孩子可以做什麼事嗎？」

　　正因為我們讓孩子難以在家中透過有用的貢獻找到自己的定位，以至於他們會尋找不同的方法來獲得重要感。孩子所有不服從、不適當的行為，都是被上述這個原因所驅使，試著去補償他們認為自己在家中的低地位。尤有甚者，有小部分的孩子會因這些不當努力而被貼上「不乖」的標籤，但標籤只會讓孩子更確信自己的自卑，而更強化了他的補償性戰爭。

　　我們教養孩子的方式，大多是透過一連串令人沮喪的經驗來質疑他們，而孩子通常也會用他們的幼小和亦真亦假的無能來控制父母，使他們為自己服務。孩子可能開始用各種方式尋求注意，尋求各式各樣、立即、反覆的關愛、餽贈或服務。如果孩子沒有透過有益社會的方式滿足自己的目標，尋求注意力，像是表現得可愛、聰慧，那麼就有可能開始轉向無益社會的不當行為表現。不論是哪種方法，孩子都會滿足自己的原始目標：獲取注意力（目標1）。

90　　當父母試著要阻止孩子對注意力的過度需求，就會演變成親子間的權力競爭（目標2）。孩子確信他們有權去做自己想做的事，想要阻止他們的人就是不公平且不夠愛他們。父母和孩子間的權力競爭變得愈來愈普遍，過去幾年間，愈來愈多的孩童，多數是男孩，變得像名副其實的暴君般，脅迫並擊敗自己的父母。父母愈叫他們做什麼，他們就愈不要；愈阻止他們的行為，他們就愈覺得有光榮完成的必要，很少有父母或教師知道該如何因應這類耽溺於權力中的孩子。

　　這類控制型孩子的平均年齡似乎隨著時間推進不斷下降，過去只有青少年比較容易陷入和父母的權力競爭，然而如今有愈來愈多不到青少年階段的孩子也呈現出這種狀況。幾年前，令我印象非常深刻的是，有許多四到六歲的男孩令他們

的母親真的畏懼他們，儘管她們已經費盡心力去壓制自己的兒子。更近期，我發現甚至連半歲到一歲如此年幼的孩子也開始有這樣的傾向，而且女孩們也相繼步入這行列。簡單來說，代間戰爭已然愈發激烈。

父母和孩子間的權力競爭無可避免地讓親子關係朝向相互報復的情況發展，當爭執變得愈來愈暴力，孩子便要面對更多敵意，其中少不了他自己造成的敵意，也讓他感到大家都討厭自己。然而即便他深信自己被排斥，孩子仍然不會放棄努力，爭取自己在團體中的位置，但若團體中無法提供建設性的途徑讓孩子爭取其定位時，孩子的行為目標便會轉變為**報復**（目標 3）。報復性強的孩子很清楚知道他人的最痛處，並會依此向前；表現得「不乖」和破壞規矩，促使他人對待孩子的方式如同孩子自己早已預料的一般，接下來，他人的種種不當對待，更加讓孩子為自己的反社會姿態有了新的判準依據。

在這個例子中我們應該記住，孩子其實都是在用他們的方式試著融入群體 91
中，只是對於該怎麼做他們想錯了而已。如果我們不調整現行教養孩子的種種方式，可以預期的是，強烈對抗成人社會的族群將會愈來愈多。許多的罪犯、變態人格和社會、心理偏離常軌者，可能就是源自這群覺得在成人社會中無容身之處，同時排斥社會價值觀和規範的孩子。

除了上述這三種錯誤目標的孩子，有些孩子或多或少也接收了成人偏見的挑戰並加以對抗，另有一群孩子的對抗方式則是全然地消極被動。這類孩子因為缺乏信心而過於沮喪，且很明顯的是預期了自己的無能因而逃避去做任何事情，他們連試都沒試就放棄了。他們的目標是把自己隱身在實際或假定的無能表現之後，好逃避成人的要求（目標 4）。他們似乎認定自己的缺陷是永久的、不可挽回的，從而使得任何試圖要讓他們嘗試、學習或勤奮努力的教育性措施都束手無策。有時這樣的消極也是一種權力爭奪，我稱之為「消極的暴力」，因為這類行為會激怒父母與師長，也令他們感到挫折，但在所有例子裡，成人愈是施加壓力，孩子就會變得愈消極、愈失能。

這四種途徑孩子都可能採用，不論他們是一般性地用來應對成人主導的社會，或是在某些團體情境中有限地使用。如果我們不能理解孩子的目標及其行為的目的性，就無法有效地與孩子相處。道德勸說是沒有用的，因為這對孩子的目標或在團體中的角色其實無關痛癢。

92 教師的困境

我們看到大部分的父母都不是孩子的對手，他們並未意識到自己如何被孩子所操控，也不熟悉透過營造民主情境來影響孩子的方法。但教師們的處境有比較好嗎？我想可能很難。因為大部分教師也都沒意識到學生對他們的操控，仍沿用過去威權社會下適用的傳統方式來試圖影響學生，但這完全不適用於現今教師們所面臨的問題與挑戰，例如：許多教師仍然相信處罰有效，也認為那些試著表現得好像很民主的教師其實是溺愛和過度放任，如此下去可能會演變成無政府狀態般的混亂。

在不久前的過去，我們認為教師有傳道授業的義務，而學生有學習的義務。但現今時代已經改變，這樣的基模（scheme）已不再適用。典型的例子是我們的孩子不想跟無趣的教師相處，因為教師讓孩子們覺得掃興；相對地，孩子也覺得自己不想學習是情有可原。

學生這樣的自我主張是種相對新的現象。例如，有一所學校對學生做了調查：如果他們以對待教師的同樣方式回家對待自己的祖父，可能會發生什麼事？學生一致認為應該會被毒打一頓。然而，現今的孩子會要求自己上學時應該要能被取悅，而我們則應該要幫助教師，讓他們變得有趣和激勵人心。

有的教師天生就很能懂得孩子、知道如何激勵他們，但這些教師並非是在培訓時就學會這些。我們的職前教育都在教教師怎麼教**學科**，而不是怎麼教**孩子**。

許多教師只要孩子願意學、表現好，就很懂得怎麼教孩子，而一旦孩子不願好好表現時——甚至愈來愈多孩子決定不要如此——教師們就不知道該怎麼教了。這其實也不是教師的錯，因為她並不知道怎麼貼近學生、導正學生；正如同不知如何影響行為不良的孩子也不是父母的錯。當前文化要求我們運用影響力來教孩子，卻沒告訴我們該怎麼做，父母跟教師都是文化困境下的受害者。 93

結果是：學校並沒有善盡職責，花費數十億在教育上卻沒有什麼實質效果，也沒有把教育擴及到那些被剝奪教育的人，縱使做的更多，也無濟於事。當我們毫無能力贏得學生的合作意願，只為要求他們完成我們所設定的目標時，花再多時間討論可能的教育目標也是徒勞，因為我們對年輕族群已經完全失去控制。

這究竟是怎麼發生的？社會的巨大轉變使我們缺乏準備，即便我們意識到快速的社會變遷，卻毫不認識這轉變的實質意義，結果讓我們毫無招架之力。因為受到約翰‧杜威（John Dewey）的影響，也許沒有任何一個專業團體如同教師這般意識到民主程序的必要性，然而即便是教師，對於該如何營造民主情境也感到陌生，教師們仍然試圖透過處罰來影響孩子。他們無法想像課堂裡沒有成績、分數會變得如何，我們整個教育系統都是錯誤中心（mistake-centered）的思維；總是試著避免犯錯或修正錯誤，而不是把「從錯誤中學習」當作目標。

美國各地多數的高中生都對教師呈現出極具批判對立的態度，就算是所謂的好學生亦是如此。舉個例子，有位高中生表明自己班上同學全都不喜歡某位教師，直到有一天，這位教師帶一位年長女性到班上來，並且介紹這是他的母親。突然間，學生們全都改變了態度，開始喜歡這位教師，因為對這群學生來說，這 94 位教師突然有了人性的一面：她也有媽媽。對彼此的偏見，使得師生難以看見他們同為人的一面。因本互相視為敵人的「師生」，用各種敵意對待彼此，描述彼此的關係。

另一個例子，有個男孩沒有完成課堂上的作業，因此被要求放學後留下來做完。他坐在座位上，教師也在自己的辦公桌上忙著。孩子及時完成作業後，教師

告訴學生可以離開了；正當孩子要離開時，教師對孩子說自己感到很訝異，因為今天單獨相處時他是如此乖巧，但在班上卻表現得如此糟糕。沒想到孩子驚訝地抬起頭看著教師，說：「可是老師，其實我覺得你也一樣！」

我們整個教育系統需要一番大修，才能有效能地運作。杜威體認到這個必要性，但遺憾的是他的概念走向另一個極端，使得當前的進步主義教育（progressive education）理念因其過度放任的態度而備受質疑（譯註：進步主義教育是在五〇年代的美國，由杜威提倡，反動傳統教育方式的一項教育革新，亦稱「進步主義教育運動」）。如今我們面臨到相似的危機。一些拒絕傳統威權方法的教育工作者，例如亞歷山大·尼爾（A. S. Neill，譯註：英國夏山學校的創辦人，受到人本自然的影響，夏山學校類似台灣的森林小學），他們往往傾向過於放任，在這類教師的影響下，孩子們再次撒野胡鬧。即便專制時代已經過去，反威權式的幼兒教育只會導向更多無法約束的孩子，最終結果是只得在非獨裁時代招來更強大的人將混亂導向秩序，進而使得「法律與秩序」這類意涵終將招致更多反抗。

既然現行教育系統不能符應時代變化與需求，我們必須找尋新的教學策略。透過電腦系統化的指引雖然有效率，但何以需要如此？只是因為孩子可以照著自己的步調來學習嗎？蒙特梭利學校已經證明，他們不論在高結構的課堂環境或電腦化情境都能有所學習。電腦化學習的成功似乎只是因為孩子無法與電腦對抗，但可以對抗教師。

95　　最終，新教學方法的關鍵可能得從如何看待孩童學習的新洞察來著手。學生入學後究竟學到多少一直是受關注的焦點，例如：教師們經常發現，若孩子的父母均非本地出生，也不說英語，要教會他是件很困難的事，他們認為雙語是種障礙。然而，其實幼童可以在極短時間內同時學習兩到三種語言，只是他們的學習方式跟學校教的全然不同。孩子自學時自由自在而且不受成功或失敗影響，他們**樂在學習**。

學習困難常和問題行為一起發生，這其實反映出孩子不願意與教師合作。我們知道大約有 20%～25%的孩子從未學習如何正確閱讀，相較於認清孩子的閱讀困難與教師的不擅教授，我們更傾向找到各種有關閱讀或學習障礙的特殊生理證據，做為教師們不擅教授的理由。

首先，我們得談談智商問題。智商被假定是孩子智能的可信指標，當測驗工具的可信度有疑慮時，我們才會考慮閱讀準備度（reading readiness）的問題。男孩被假定在發展上比女孩慢些，便有人主張男孩應該到八歲才開始學習閱讀，而女孩則是六歲就要開始，且無視於在其他文化中，所有的男孩從四歲就要開始學習閱讀，然而在那些文化中，他們尚不清楚男孩的發展是相對較慢的。

最新的研究，將閱讀障礙（dyslexia），一種因大腦功能缺損而無法有效學習的假定，做為教師失敗的理由。我們同時也假定了孩子有文化和知覺上的障礙，另外，讓孩子無法學習的過動，也被認為是輕微腦傷造成的結果。

96

但其實，我們的困難是對孩子能力的錯誤概念所致，我們可能浪費了珍貴的時間在漠視幼小孩子的強大學習能力。事實上，若要說孩子能在十歲之前累積大學畢業生所具備的知識，也不無可能。

例如，摩爾（O. K. Moore）的研究指出，兩歲半的孩子就可以學習閱讀和書寫。[14] 即使摩爾也強調資優生與一般孩子在能力上的差異，但他的其他研究則指出，所有的孩子都可能在兩歲半學習閱讀和書寫。我們也知道這是學習閱讀的最佳年紀，過了這個年紀之後的孩子，愈晚開始就愈難學習閱讀。與腦傷孩子工作的格倫‧杜曼（Glen Doman）發現，「孩子一歲可以讀字，兩歲可以讀句，三歲可以讀整本書」[15]，當然，這也適用於健康的孩子。根據亨利‧錢西

---

14 O. K. Moore, *Autotelic Responsive Environment and Exceptional Children* (Hamden, Conn.: 1963).
15 Glen Doman, *How to Teach Your Baby to Read* (New York: Random House, 1964).

（Henry Chauncey）所述[16]，瑪莉亞・蒙特梭利認為，孩子過了兩歲之後，要教導他們閱讀會愈來愈困難；而若孩子超過六歲都還沒開始學習閱讀，將無法再習得這項能力。

很諷刺的是，雖然我們認為幼童有很高學習潛力的發現在教育圈中獲得高度接納，卻發現教育工作者對此提出警告，認為過早訓練閱讀恐將對孩子產生嚴重危害。

97　　對惡性後果的恐懼，顯然立基於對孩子不健康、過度保護的態度。已有證據指出，對孩子發展最好的刺激，就是讓他處於無力因應的經驗裡；而所謂的孩子過早學習，真會如同某些人所認定的，將剝奪孩子的「童年」嗎？絕非如此。即便是最厲害的神童，也許在他專長的領域裡像個大人，但在其他領域裡他仍然像個孩子。有目的的學習方式不過是種特殊的遊戲形式，它所促進的智能活動正是目前孩子所欠缺的。

另一個反對聲浪認為，在大腦完整發育之前，太早開始學習會過度刺激大腦活動。多年來，心理分析師對在腦神經系統充分發展前的如廁訓練提出了警告，如今，我們得知大腦發育成熟並非是功能發展的先決條件而是**後果**。只有透過**活動**才能促進大腦發育成熟。

一個全然不同的領域裡有這樣的重大發現，顯示出嬰兒實際能力的所及範圍：六個月大的嬰兒因為具備嘔吐反射（gag-reflex）形成了保護機制，讓他們可以游泳而不會溺水。[17] 若父母能看清並善用嬰兒具有游泳能力的事實，可能會帶來難以想像的深廣影響。這究竟代表什麼意思？孩子並不是無助、幾乎靜止的存在，他可以運用所有的肌肉在水中導引自己的動作。我們可以很清楚地想像，在這個關鍵時期，孩子的自我概念會有多大的不同，而孩子的大腦若能在這麼早就

---

16 Henry Chauncey, *Science Newsletter*, Vol. 85, 1964, p. 125.

17 M. A. Gabrielson, "Swimming Phenomenon,"*Journal of Health & Physical Education Record*, Vol. 35, 1964, p. 45.

接受刺激，又會有何等變化。沒有人能說得準，究竟孩子會獲得怎樣的技能、能　98
力和性格。但由於應用這些方法是以不同的孩童概念為前提，反過來看，這些迄
今未被發現的孩童早期活動可能將導致大眾觀點的改變。由此看來，我們確實是
站在新社會中新型人類出現的起點之上。

青少年的反動

從孩子還小的時候，對抗成人的戰火只會在家庭和學校燃燒，然而在青少年
時期，將會整體性地轉向對社會的反抗。社會面臨著我們無法影響青少年行為和
價值觀的後果，使得父母和教師飽受指責，但其實他們同樣也是青少年對社會宣
戰下的受害者。

當孩子到了青少年的年紀，他們必須盡可能地融入並視自己為社會的一分
子，但只有少部分的孩子會感受到被認同和欣賞。我們的競爭氛圍讓父母對孩子
灌輸高度的企圖心，只有少部分青少年才有機會從有益社會的成就中體會到自己
的重要性，除了這些能透過學業、社會或運動達到顯著成就的青少年，其實多數
孩子少有這樣的機會。然而，他們仍覺得自己有變得重要的權利──他們也想要
如此。於是，他們試著透過不被成人社會接納，但卻被同儕欣賞的行為來獲得這
種權利，抽菸、嗑藥、飆車、想不勞而獲地賺錢、放縱性行為、犯法──這些行
為使他們容易感到自己的重要性，但也讓他們愈來愈偏離成人社會的價值觀，可
能導致朝向精神病型人格發展。

愈來愈多青少年對於總是無法提供他們有貢獻機會的成人社會採取敵對的態
度。尋求輔導幫助的年輕人，發現有少數成人可以平等地對待自己，也能像朋友
般地接納他們。愈是需要輔導協助的孩子，就愈是「受到處罰」、歧視並感到無　99
價值的孩子。許多孩子能跨越這個階段，並最終在成人社會中找到自我定位，特

別是那些能夠合法賺錢並經驗到被尊重的孩子。但也有許多其他孩子，從小就開始和父母、教師這些所謂的社會代名詞對抗，他們可能終其一生都被社會遺棄，並持續和社會對戰。

所謂「代溝」（generation gap）是指代間的戰爭，描述的是價值觀的差異。成人反對青少年「缺乏價值觀」，青少年也拒絕成人的價值觀，雙方的價值觀都在彼此的評論中被大肆批判。然而，社會中的許多主流價值其實是曖昧不明、令人質疑的；同時青少年所運作的價值系統也不單只有問題，其危險性也顯而易見。整個青少年世代發展出一套他們的道德標準——對於好與壞、成功與失敗——，並共享：對於**刺激**的渴望。難忍無趣、刺激至上。只有洞悉這樣的價值體系，我們才能全盤理解現下藥物濫用的問題。

藥物似乎具象化了所有青少年對生活樣貌的期待，再也沒有其他什麼能夠提供這樣一趟充滿刺激的「旅程」。不計後果，也不在乎會毀了什麼，因為全都不重要。結黨成群的男孩打劫民宅，若問他們「為什麼要這麼做？」，「因為我們很無聊」，尋求刺激成了最重要的原因。

青少年濫用藥物的第二個原因，與他們尋找「身分認同」的奇特概念有關。他們的所作所為、一切想法，是為了要徹底「與眾不同」，就是要做出讓成人無法忍受之事，靠著自己的力量打敗成人以體驗「自由」，卻忽略了這麼做其實是在濫用自身的「權利」。

100　　　舉例來說，當一群德拉威州的資深諮商師和青少年團體進行「面質」（confrontation）時，詢問青少年為什麼他們喜歡搖滾樂（在當時搖滾樂被認為是很狂暴的），所有成員都同意他們喜歡搖滾樂只是因為成人不喜歡。當接著詢問如果成人開始喜歡搖滾樂了，又會變得如何？「我們會找尋其他類型的音樂」，孩子們說道。

現今的青少年再度選擇去喜歡成人無法忍受的音樂，而濫用藥物也同樣滿足這個目標：再也沒有比看見自己的孩子嗑藥更能挑釁和驚嚇成人的了。成人愈是

反對，藥物就愈能讓孩子得到他們想要的效果。

　　還有第三個看似導致孩子濫用藥物的理由，即藥物能誘發類似暫時精神錯亂的狀態，如同真正的精神疾病發作，用藥者在他「心理假期」的狀態中，呈現對社會和現實要求的無動於衷，完全沉溺在自己的世界裡。

　　該如何預防藥物濫用的狀況持續蔓延？又該如何拯救那些已沉溺其中的孩子？其實沒有立即的解決方法；在問題改善前恐怕會先變得愈發惡劣。從現況看來，沒有任何家庭或社群能完全倖免於藥物濫用的侵襲。社群中的強大力量使得用藥者受藥物奴役，許多用藥者想戒掉藥物，但卻不願意改變他們的人際圈。強烈的同儕壓力使得他們難以拒絕，而要克服這種現況，只能透過改變整個群體的價值觀。更糟的是，濫用問題因牽涉龐大的利益動機而更為複雜。這些獲利可觀的幕後推手對已握在手中的利益絕不會輕言放棄，也同時確保他們的受害者持續著這奢侈的嗜好，無人退出。社會因此面臨必須要透過公權力來解決的社會問題：提供青少年有其他管道「尋求意義」。為此，像希納能（Synanon）與戴托普（Daytop）（譯註：兩處均為美國著名的毒癮治療與復健機構），就提供機會給這些邊緣化的孩子。

　　年輕人對社會的諸多貢獻之一，就是打理好自己的生活、建立新思維與價值 101觀，並且為彼此負責。光是反抗社會中有缺陷的價值觀是不夠的；隨著年輕人專注地對抗社會病態之處以及挑戰現下的教育體制，他們必將會建立新的且更好的價值觀。年輕世代正承擔著領導的角色，為我們的社會注入理想，打破性別的刻板印象，影響政治體系，然而年輕人也需謹記於心，不要被為反對而反對之人所利用，而模糊焦點，混淆原意。

朝向兩代間的和諧

除非我們終結這種兩代間的戰爭，否則做什麼都是枉然，縱使會需要花些時間，但終究要開始去做，我們也必須協助父母和教師，使他們的影響力超越其實際的掌管能力。

首先，成人必須要停止爭鬥，但不是讓步，因為過於用力或過於放任都無法帶來好結果。

第二，成人要掙脫自己對孩子的操控行為。除非覺察到孩子錯誤行為的目標，否則只是在強化孩子的行為，屈服在孩子的意圖之下，而不是導正他們。成人需要學習去了解孩子的**動機**，並發展可以改變孩子動機的技巧。

第三，由於傳統教養孩子的方法已不再有效，成人必須學習新的教養孩子技巧。我們陳述了民主社會下教養孩子的三十四種原則[18]，其中最重要的技巧就是鼓勵孩子的能力。[19] 最後，為了預防任何過度放任的狀況，並建立孩子的界限，我們必須精熟邏輯後果（logical consequence）的技巧。[20] 許多成人難以區辨處罰和邏輯後果的差異，但兩者間還是有微小且決定性的不同。

父母跟教師需要學習如何在家、在學校建立起民主氛圍。我們無法期待透過為孩子做決定來建立民主；我們需要孩子的支持，只能透過團體討論來建立支持。父母需要學習如何組織家庭會議，如同教師需要知道如何組織班會討論。

對教師來說，善用班級群體力量是一個很重要的優勢。當前的教師假定他們有義務要教育和導正班上的五十個**孩子**，其實不然。不論是二十人或五十人的班

---

18 Rudolf Dreikurs & Vicki Soltz, *Children: The Challenge*.

19 Rudolf Dreikurs & Don Dinkmeyer, *Encouraging Children to Learn: The Encouragement Process* (Englewood Cliffs, N. J.: Prentice-Hall, 1963).

20 Rudolf Dreikurs & Loren Grey, *A Parent's Guide to Child Discipline* (New York: Hawthorn Books, 1970).

級，教師需要處理的從來就只是**一個班級**。身為這個群體的領導者，教師可以創造一種促進學習的氛圍，但是許多現況是教師強化了好、壞學生或學業表現好、壞的學生之間的鴻溝，而其實教師更需要學會如何整合一個班級。[21]

團體可以協助教師解決他在班上遇到的問題。團體力量允許他影響學生的價值觀，有了團體的支持，教師就不會和家庭、社群一樣，站在傷害孩子的位子。在團體討論中，他可以讓學生覺察到自己的目標，並引導出相互合作與理解，即使是在威權式學校中，教師仍然可以透過指定任務的責任共享，建立民主氛圍的班級。 103

責任是突破當前困境的關鍵因素。民主演進的歷程從美國開始影響到全世界，不論其民主進程為何，其核心是**參與決策**。任何事情有了責任分擔就不容易走向鬥爭，且第一步會是賦予孩子為教師打分數的權利（反正無論如何他們都會這麼做，只是教師永遠不知道他自己得到幾分而已）。

在一個犯法青少年的營隊中，每一個問題都需要和整個團體討論，結果是令人滿意的。青少年開始學習，行為乖巧，也不需要鎖門。但有一天，校長認為有四個下午的自由活動時間沒有益處，便擅自決定改為兩天，於是很快就發生了暴動。男孩們破壞家具、毀損所有東西並且絕食抗議。校長這才發覺自己的錯誤，並且安排了一個關於只留兩個下午空堂的公開討論，每個學生都能聽到他的觀點，也能同意校長的決定，剩下的只是學生對校長的霸道感到不滿。[22]

因為民主程序容易淪為口號，使得許多美國學校雖然都有學生議會，但不少人認為學生議會是四不像的民主。整體來說，學生議會規模受限、執行成人的指令，且只允許「好」學生表述，那些反抗者的意見卻不太有機會被校方聽見。為 104

---

21 Rudolf Dreikurs, *Psychology in the Classroom* (New York: Harper & Row, 1968).

22 相似實驗總是成功的。例如，在特拉維夫的一所高登小學，學生對學校事務有很高的參與度，他們自己處理教室裡發生的問題，教師只是引導的角色。

此，我們的學校必須變得更民主才能變得更有效率。

給學生權利的危機在於可能導向過度放任。孩子可能會踰越他們的權利，並且忽視情境與自我責任的必要性。然而，民主程序需要領導者，父母和教師可不能再像個老闆一樣，而需要學會成為民主領導者的技巧。

最後，孩子需要被賦予更主動參與社群的角色。第一個社群互動的功能可以透過學校來建立，透過和教職員、父母、學生來討論問題，通常能更了解個別孩子問題背後的困難為何。關於一些問題的規範——如何用車、約會何時應該返家、從事什麼休閒活動——都意味著成人和孩子間觀點的落差。這些差異應該透過「平和」的會議發聲，會議中每個人都有權利說他們想說的，但也有義務傾聽他人在說什麼。

如果學生參與的原則放在現在的大學中，我們可以很容易看到會發生什麼事。我們現在的大學——大多數都是——非民主的，都是由校長與董事群在支配運作，激進分子大多無法接受這樣的支配，然而他們自身同樣也是非民主的，因為他們試圖將自己的意願強注於大學中。校長或反對者都沒有權利去決定該做什麼，一旦大學成立有效且民主的組織，學生的暴動就變得沒有意義。在民主的情境下，大學組織應該由管理者、董事、教職員、學生、總務人員等代表組成，這個組織才具有決定的權利。激進者在這種情況下也無計可施，因為他們要打擊的對象變成學校全體，而且他們也**已有**被聽見的機會。

當然，大學和其他中、小學在活動與原則上都需要一番整修。難道學校就只是一個學習機構嗎？學生來上學是因為他們想學習嗎？也許有人是，但應該不多。學生上大學是為了拿到學位後較容易找工作或賺更多錢，大學和經濟的錯誤連結正腐化著大學的實際意義。在許多例子中，研究所學生不一定比沒念大學的人更有能力，除了技職學校，學位和能力似乎不相關，畢業生也只代表他知道如何通過考試，而一個人到底學到了什麼通常與成就未必相關。

此外，學生應該只學他們想學的嗎？在許多例子裡，他們只想要「所謂的」

自由。我們喜歡學的和應該要學的是不一樣的。

　　若屈從於學生的要求，師長們等同自我放棄；壓迫他們去學那些他們不想學的，是種獨裁專制；若要幫助他們學習知道什麼對自身有益，則有賴民主的領導方式。

家庭衝突的解決之道

106　　家庭是試驗我們與人相處之態度和方式的場域。我們在夫妻、親子這些較為親密的關係中遭遇的困境，也描繪出這個世代社會生活的樣貌，當前人際關係中的所有缺陷都變得痛苦而明顯，所有的誤解和錯誤都會使我們的情緒平衡產生直接且不愉快的後果。因此，家庭是我們必須——而且可以——學習理解個體間的動力如何運作的地方；我們必須——而且可以——在家庭發展符合民主社會新氛圍的方法；其中，民主原則必須從籠統的理想跳脫出來，並應用於日常生活的任務中。這裡是合作技巧的訓練場所；我們在家庭中學到的東西將有助或妨礙我們與他人合作。家庭不單是反映舊文化，亦將成為新文化的搖籃。

　　現代家庭中種種困頓、衝突、磨擦和干擾等多樣性和複雜性的背後，其實存在著一種模式：家庭成員之間的競爭日益加劇。現代家庭中，在傳統專制方法下被教養大的這一代親輩要建立民主程序時，往往會反映出世代間悲劇性的混亂。沒有人能為我們代勞；我們每個人都必須去探索、嘗試新的想法、發揮自己的想像力，大膽地重新思考自以為是的絕對和最終真理。凡事不再有所本與基礎；我們必須學會在不確定性、相對價值之間遊走，不再有所謂對與錯的簡單秩序、黑與白的清楚定位。然而，對於那些不熟悉社會和心理互動的人們來說，這種新概念似乎模糊又可怕，但一旦充分理解和運用這些概念時，則可提供各式各樣的成107　功行動；這些概念也給予我們一種前所未聞的力量感，而不是靠權威或明確規則

才有足夠的勇氣去相信自己。

我們是受害者嗎？

　　低估自己力量的這種傾向是我們在面對困境時的既有缺陷。我們被這些既有傾向壓抑著，以至於無法看到自己的創造力。我們對於別人擁有比自己優越的權力印象深刻，這似乎也迫使、挑起我們的反應。無論我們做錯什麼，總可以辯稱都是別人影響我們。我們都有很多良善意圖，但是這些意圖往往因為我們在每個轉折處感到沮喪而變得毫無意義。多數人都相信，我們會因為他人、親人的阻撓，而無法成為自己想要成為的「好」人。

　　當我們意識到每個家庭成員都有同樣的感受時，上述這種謬誤的印象就更顯而易見了。每對配偶都會因為自己的煩惱與困擾而責怪對方，兩人都因為孩子而感到沮喪，孩子也覺得自己被父母虐待、受到手足的威脅。每個人都假定只有自己是受害者其實是錯誤的觀念，從每個人自己的觀點而言或許是如此，但是在這場相互報復的競賽中，似乎無人知覺他們的反對方感受為何、每個人正在對彼此做些什麼。就像卡通節目裡兩個莊重的紳士在黑暗街道上相遇，各自都在擔心對方會搭話，卻都沒意識到對方的惶恐。這就是我們所面臨的情況：我們都互相害怕彼此，但不明白為什麼其他人需要如此害怕我們。

　　改善這種狀況的第一步，是得先了解到我們在每個衝突中扮演**積極主動**的角色，而也只有我們自己這部分是我們可以影響的因素。除了自己，我們無法改變任何人，但是如果我們改變，其他人勢必也會跟著改變。解決困難的辦法就在我　108
們手中，等待對方主動是沒用的，等待只會讓事情變得更嚴重。

聲望扮演的角色

不願意跨出自我改變的第一步，通常是因為我們在意自己的聲望。衝突中對立的雙方，都要求另一方先放棄彼此都認為不適當的行為，雙方都覺得若**自己**先走向化解分歧，就如同宣告自己失敗且會感到屈辱。它看起來像是「姑息求和」，而這個詞給人壞印象，大家都認為當雙方各退一步和解，就彷彿承認雙方都有錯而沒有人是對的，但很少有人尊重這個原則。相反地，我們也沒讓別人得到一分一毫！聲望之爭是顯而易見的——顯然也是徒勞無功。我們因為盲目地害怕被羞辱，因而揚棄了所有關於愛、體貼和責任的考慮。哦，是的——我們彼此相愛，但是我們不敢放棄任何東西。而且，假若我們真是如此，那麼接下來我們就會在策略上技巧性地以退為進，等待復仇時機到來。

其實我們可以從這場徒勞的競賽中解脫出來，如果我們能開始承認，為了維持聲望而彼此掙扎的狀況是真實存在的，或許也能承認我們的價值很大程度上是取決於別人對我們的認可，即便是在家庭中亦然。下一步就是認清我們為了處在備戰狀態下付出了高昂的代價。當我們能去考慮所付出的成本時，便會放棄聲望上的競爭，相信我們的自我尊重並且尊重對方。如此強化下去，個體便可能鬆動競爭的動機，而這個惡性循環也將隨之打破。

權力競爭

伴隨民主化進程而來的是競爭，取而代之的是如何透過專制手段得到**權力**以獲個人**聲望**。我們今日的家庭生活，既反映了傳統全面壓制的傾向，也反映出在近代文化中人們更關注個人聲望——確實是個邪惡的同盟！它讓相互尊重幾乎不

可能存在，誘使所有家庭成員彼此發動戰爭，也阻止了家庭內的民主組織，扼殺打從心底追求公平、友善、順服的渴望，它刺激了很多人想成為主宰者的願望，許多家庭都存在太多想當主宰者的成員，我們如此害怕被使喚以至於每個人都決心要當主宰者，也因此每個不同的意見都演變成競爭。

許多人仍然認為，要想解決衝突，除了戰鬥或屈服之外別無它法，但在民主社會中，沒有戰鬥或屈服就能解決問題。如果仰賴征服或強迫屈從的方式來「解決」衝突，只會引起更多新的衝突，失敗者不會永遠接受他的失敗，贏家仍然會害怕失去他所獲得的，雙方都在為下一輪爭奪做準備。在民主氛圍下，所有穩定平衡都會產生相互尊重，但在競爭中，勝者因為擊敗對方而失去對方對自己的尊重，敗者也失去對自己的尊重。沒有人**需要**為自己不想要的事情挺身戰鬥。

在家庭生活這樣密切的關係中，因為每個人關注焦點不同而起衝突常是不可避免，這需要解決，但大多數人都沒意識到其實有許多可行方法能避免權力的競爭，並且也能透過協議找到解決方案。

道德化的錯誤

父母與孩子之間的文化失調（cultural lag）是顯而易見的。父母發現孩子不再屈服於親權，所以依賴另一種形式的「控制」，而並未意識到「控制」和「影響」是非常不同且矛盾的教養方式。父母堅信孩子必須被明確指出什麼是對、什麼是錯，父母訴諸教化和講道理，然後當這些企圖控制的方式被證明是徒勞無功時，父母也感到驚訝且無助。父母像是被剝奪了能讓孩子順服的親權一般，無法再透過講道理來建立控制，對於不知如何引導孩子循著他們認為正確的道路前進感到失落，但仍繼續採取預先決定的方法來對待孩子。

當然，孩子必須學會辨別是非，發展正確的道德觀念，本著良知體現這些概

110

念。但在沒有充分溝通的情況下，孩子是永遠都學不會的。有時必須要靠語言溝通，但道德主義取向通常不是個有效的溝通方式，沒有人能跟抗拒接收訊息的孩子溝通。在犯錯的當下，孩子通常什麼話也聽不進去的；在衝突的當下，話語不是訊息而是武器，傳達了想擊敗權威的憤怒，孩子的憤怒話語通常也揭露出父母的弱點所在。在這樣的情況下，對孩子來說，嘗試做那些被禁止的事情是英雄。反抗是勝利，值得為可能導致的後果有所犧牲。

這種道德優越感的議題因為民主發展變得更混淆。孩子不願意接受他們認為沒道理的道德標準。父母的標準經常反映出他們孩提時代的情況與現代的標準相互衝突。孩子根據自己的經驗和看法，認為自己反對父母的道德判斷合情合理。再沒有人能單純地告訴孩子正確是什麼；我們必須**證明**它才能說服孩子。然而，我們往往缺乏證據，或者這些爭論是如此謬誤且在知識上站不住腳，以至於孩子們皆不為所動。

人類的出現且做為一個自由、自我決定的個體，乃是節制在奉良知為圭臬的
111 前提下。我們採取行動是因為想要這麼做，而不一定是因為應該要去做。隨著身邊獨裁力量的漸逐削弱，相對地，來自良知要求的動機變得更加重要。教育必須考量到，孩子的主觀動機往往是忽視道德規範的重要原因，我們不只要向孩子明確指出什麼是錯的，更應關注孩子為何明知故犯。**改變私有邏輯來激勵孩子會比道德譴責更有效**。良知反映的是外在社會的壓力，若要改變行為，心理和社會層面的刺激遠比道德訓誡來得重要。我們必須從「動機修正」的角度思考，提供孩子行為的替代方案。

正義的謬誤

把道德正義做為提升個人優越感的手段是許多家庭司空見慣的作法。每個人

都想成為「正確」的那個人，會用盡智巧來向反對他的人證明自己才是對的，邏輯和智能能用來捍衛任何事，不論好壞。多數人都能為最糟的結果找到「好」理由。然而，只有在權威角色介入仲裁時，才可能利用是非對錯做為評估衡量的標準，為爭議做出決議，對雙方做出裁定。這個程序仍在我們的法院裡持續實行著，法官有權做出必要的決定。大家都知道，司法裁決並不總是「正確的」，也可能被另一名法官駁回。但即便在現行法律下，法官有時仍很難確定什麼是正確的，又如何能對家庭中的複雜衝突或成員間關注焦點的歧異做出判定，尤其家庭中又不存在像法官一樣被信任且賦予最高仲裁權的成員——人們也很難想像若在家裡像在法院一樣被審判，被其他不支持他、不認同他的主觀觀點的成員挑戰著，會是什麼情景。

其實，所有擾亂家庭安寧的問題或衝突，都無法從對、錯的基礎上理性地理 112 解。問題的成因是心理性的和社會性的，只要兩人關係良好，彼此之間就不會有什麼問題，而是感到自己被攻擊、輕視、羞辱——或被認為是自以為是，才會發生衝突。舉例來說，母親可以為孩子在學校或操場上的嚴重行為辯護，把錯都歸咎於教師或其他孩子，但若母親和孩子有權力上的競爭時，情況就會發生根本性的變化——而且在她看來——這個孩子根本就是十惡不赦。

不幸的是，常常處在衝突中的人們往往都沒覺察到其中潛在的心理問題，困擾的關係造成磨擦；然而他們試著努力的不是直接去改善關係，反而是透過爭執增加關係間的障礙。一般來說，我們賴以做為辯護的良好論據，其實只是權力競爭中的眾多武器之一。那些高舉著自我正義旗幟的人，認為自己就是權力的代表，假定自己如同法官，實際上也只是衝突中的一方罷了。

相互尊重

在衝突中，所有關於誰對誰錯的關注都必須拋棄，並且以不同視角的方法來取代。我們的新視框是基於對關係重要性的認知，關係並非固定的、非必然的，而是不斷變化和流動的。無論我們對社會、家庭有何內部構想，都傳達出關係和互動。**唯一能讓社會關係穩定的基礎就是維繫雙方對等的平衡。**我們本土（domestic）的問題反映出一個重要的任務，亦即我們必須建立平等；我們也因為還沒能力做到而深感挫折和失敗。

適當的關係是適當行為的基礎。合作關係取決於善意、真誠互利、互相尊重。在一段關係裡「正確的」事在另一段關係裡可能是「錯誤的」，因為沒有任兩段關係所面臨的情況會是相同的。同一件事，某個人做可能不構成冒犯之意，但是另一個人做卻可能會造成麻煩。對與錯的相對性可能令人費解，但這的確是我們必須應對的現實。一個人在什麼情況下**如何**做一件事，遠比他做了**什麼**重要得多。

從這個角度來看，可以簡單說明在民主社會中的生活要素，它們代表適用於家庭內、外以及所有人類組織的原則，其最簡單的形式就是**相互尊重、尊重他人的尊嚴，也尊重自己**。這個原則傳達了堅定和善良的結合。堅定意味著自我尊重；善良則是尊重他人。無人能夠獨自實現平等的和諧關係，如果需要另一個標準，可以這樣做：**我們可以既不戰亦不屈地解決衝突**——尊重他人、尊重自己。堅定不撓、自我尊重，但善良而不求屈辱——這些是經營令人滿意的人際關係的不二法門。

衝突背後的動力

在任何關係中，衝突都難以避免，因為關注焦點和目標偶爾會有些碰撞，然而我們必須辨別在關係困擾中涉及衝突和潛在動力之間的議題。光只了解議題的價值還不夠，也不足以讓我們知道該做什麼，我們必須知道自己**想要**做什麼——以及為什麼要這麼做。

讓我們謹記一個事實，每個人的基本社會動機是渴望有所歸屬、在群體中有 114 安身之處，無論我們做什麼，都反映了我們渴望融入社會（social integration）和參與社會的概念。如果我們做到該社會情境的要求，那麼顯然就是以正確的情境評估做為運作的基礎。換句話說，每一個錯誤的步驟和惱人的行為，都反映出個體對於參與社會的錯誤概念以及對於當前衝突的錯誤詮釋。若有此認知，我們可以訓練自己如同對方那般看待此衝突。如果我們想多了解對方的想法，可以學著敏銳觀察他人的私有邏輯。要能成功解決衝突，在很大程度上其實取決於我們從另一個角度看待問題的能力。所以，成功需要有同理心，然而我們往往在與人對抗時，多半會自然扼殺同理他人的反應。我們不願意真正理解對方的觀點，因為理解和同理會使得我們在必須維護自己的「權利」時，無法與對方強烈抗爭。理解能防止敵意。

為了能互相理解，我們需要思考人類行為的**目的**。不幸的是，我們無法透過詢問他本人來確認其目標，因為他並不知道自己的目的是什麼。孩子堅持不懈地追求自己的目標，卻絲毫沒有意識到自己在做什麼，他們需要能理解自己目標的相關協助。

熟悉孩童的四個錯誤行為目標，有助於成人根據孩子的行為進一步認識並理解其私有邏輯。可惜的是，成人的目標並不是那麼簡單明瞭。不過可以肯定的是，成人對抗和反對的背後有著共同元素，多半是為了激勵孩子增加符合成人要

115 求的行為，以及反對孩子周圍的一些人事物。一旦我們關注在提出解決衝突的辦法，就能敏察到孩子對於重要性、被尊重和被讚賞的需要。我們可以看透他們公然的攻擊行為，或忽視他們的挫敗感和報復企圖、他們對發生之事感到的害怕和沮喪。任何人只要相信自己有能力藉著有用的方式獲致成功，就不會產生任何錯誤的行為。氣餒和恐懼是所有不被社會接受之行為的背後主因，公然展現的優越感無法掩蓋人們的高度自我懷疑、試圖隱藏缺陷的不合宜感、不倦地努力做得「更多」或「更好」。一旦我們學會看見並理解家庭成員的這種不安全感，即可避免採用像報復這種只會增加原始恐懼、自卑感和錯誤的補償方式。實際上，我們可以學會緩解他們的問題——不是透過言語，而是行動。[23] 因此，告訴某人他正在為自卑情結所苦，或告訴他們試著想要成為主宰者或是優越者，都只是空泛的中傷、謾罵；但是我們可以透過**鼓勵**和其他有效的心理行動，幫助一個人克服這些問題、錯誤目標和態度。

改善關係

　　任何公開衝突的背後都存在關係的困擾，除非先誠心地努力建立友善的氛圍，否則試圖想要解決衝突是不可能的。我們總是比較願意為自己喜歡的人做事，而不喜歡在感到對立時回應那些看似正當的要求。我們把對我們提出要求的人的感受，看得遠比被要求的事件本身重要得多，於是從這些思考中發展出一個
116 新觀點：對與錯有不同的含義。**行為影響的層面**遠比問題本身還有意義，整體情

---

23 這是在運用心理學時最為重要的預防方式。任何非常有效的方法若遭不當使用就會變得危險。但我們在沒有太多心理學訓練的狀況下，這種知識若不是以言語表達，而只是做為行動的基礎，就不會造成任何傷害。在家庭中可能會使用心理學上的解釋，但只能在家庭會議上——同樣地，這也需要謹慎使用。

境的浮現才是真正的議題所在；也就是說，**個體的行為只有在整體情境中才能被理解**。

　　為兩造雙方像是夫妻、親子安排愉快的經驗是至關重要的，共同的愉快活動有助於醞釀適當的氛圍，以便在沒有所謂贏家或輸家的情況下，在沒有任何人覺得被強加價值觀或被羞辱的感覺下，達成協議。如果涉及到衝突的想法或觀點時，應該要在每個人都感覺到友善的情況下，只在家庭會議中進行討論，而家庭成員要學會的第一件事就是傾聽。每個人都有陳述自己怎麼想的**權利**，同時也有聽他人說什麼的**義務**，試著去理解其他家庭成員的感受和想法。如此一來，每個問題和衝突就會變成是大家共同的問題，否則就不可能有解決方法。

　　還有一個尋找解決方案的重要原則。只想到**其他人**應該怎麼做會導向死胡同，只有在「**我們**可以做些什麼」的思考下，才能於情境中保持開放的道路。

　　即使不可能找到完美的解決方案，無論衝突多強烈，總會有一種能改進的方法，沒有哪種情況是絕望到不允許替代方案存在的。如果我們有意願在當前情況下做能做的事，便可發現自己正走在真正解決的路上。

　　事實上，在很多情況下，我們根本不知道該怎麼做，一個簡單的權宜之計可能會有所幫助。我們通常知道什麼是**不**應該做的，如果我們抑制自己不去做，一般來說就都會維持在正軌上。那麼，我們不該做什麼？舉凡會惡化我們的關係、會羞辱和挫敗對方的，都要盡可能避免。然而，這種自我約束往往可以達成最終的協議，而且我們對**自己行為模式**的關注能消弭對方的壓力，給對方一個去思考**他**能做些什麼來改善狀況的機會。

　　雖然我們可能願意在與成人打交道時看到這些方法的好處，但大多數父母認為這些方法不適用於孩童，他們覺得有必要即時處理孩子的行為。然而，當他們立即採取行動時，通常不會有明顯效果；同樣的原則也適用於成人和孩子的互動之間。當生命處於危險時，當然有必要立即採取行動，然而這種情況發生的頻率，遠低於父母因過度焦慮而假定需要出手的頻率。和孩子相處時，立即採取行

動是可能會發生的，甚至也有其必要，但是報復行為不會有任何建設性的結果——通常是不愉快的話語——大多數父母會因此被激怒。

我們需要仔細地重新審視並改進與孩子平時的關係。光有愛是不夠的，**愛並不保證尊重**。這個重要的事實往往被那些認為愛孩子就能給他們「安全感」的人過度輕忽了。安全感意味著對個體力量的信任，而只有愛並無法提供孩子這種經驗。我們必須學習如何帶著**尊重**來對待孩子，適切關係中的主要先決條件是：即便我們不同意他們的觀點，也要能表達出我們的尊重，包括語言與行動、說話的語氣，以及**傾聽**對方感受和意圖的意願。**尊重並不意味著縱容**，展現尊重意味著成為他們的好友，不**要求**信任、不行賄賂，而是要去**贏得**孩子的友誼，我們不可能透過羞辱孩子或對他的任性讓步而贏得友誼。

118 鼓勵

要解決關係衝突，我們需要做的不只是建立友好關係而已。不論是成人或孩子，大多數困擾行為都起因於氣餒，只有勇敢的人才能正視問題並且有效地處理面對。而我們不斷從實質能力對於問題解決的貢獻程度來激勵或挫敗一個人。

為了符合對自我關注的習慣，我們會發現當自己是受助者時，更容易認識到鼓勵所帶來的深遠影響。我們都知道自己在不同夥伴間的表現會有很大不同，和某些人一起時我們會試著表現到最好；而與其他人在一起時，我們又會感到壓抑、找不到合適的詞令、行事笨拙、感覺自己的無能，其中的差別在於我們主觀感受自己接收到的是鼓勵還是挫敗。有趣的是，我們不僅會受到一個——我們認為——不喜歡並貶低我們之人的挫敗，也會因為一個對我們期望過高的人而感到沮喪。無論如何，如果我們無法肯定自己，便無法妥善運用自己所有的內在資源。簡單來說，之所以一個人使我們放心而另一個人讓我們緊張，其實是因為前

者增加了我們對自己的信念，而後者折損了它。

由此不難看出**在**我們身上發生了什麼事，但我們很少意識到我們也**在**他人身上產生類似的影響。我們透過鼓勵或挫敗他人，讓每一個與我們接觸的人感覺好或不好，我們透過態度和期望影響了他人的最佳或最差表現。我們必須認知到，當我們回應他人時，同時也影響了他們。

這個原則對於和孩子相處來說更是至關重要。如同植物需要陽光和水，孩子需要的是被鼓勵。我們這一輩的成長過程中，有其特有的縱容和羞辱傾向，那是一連串令人沮喪的經驗。只有當我們刻意消弭這種文化傾向時，才能扮演好父母或教育者的角色。當孩子已經因為自己表現不好而氣餒時，鼓勵尤為迫切重要。不幸的是，孩子的行為愈糟時所需的鼓勵就要愈多，但實際上能得到的卻愈少。要鼓勵一個令人煩躁不安的孩子確實不容易，因為他讓我們覺得沮喪，然而，唯有改變**我們的**態度，我們才能幫助這樣的孩子。

鼓勵的能力似乎是與他人相處時最重要的品質。這就是為什麼當承擔責任的成人發現有這麼多「不當的」人對孩童和青少年有如此大的影響後，感到既驚愕又絕望。似乎看起來，誘發孩子出現反社會行為的人，遠比提升孩子健康成長和發展的人，更懂得如何鼓勵。

鼓勵的能力預示我們對自己的信念，如果缺乏這種信念，我們對自我評價的補償欲望將會打敗我們所做的種種努力。過於善良、虛假的讚美、過度體貼並不是鼓勵孩子，那些只不過是客套施捨（condescend）而已。孩子會看透虛假的表面，並發現其背後的不真誠。

鼓勵是種緩緩灌輸自信的能力，沒有人有足夠的自信，每個人對自己的意象在某種程度上都是謬誤的，無法擺脫自己不夠好的堅信。為了改變錯誤的自我概念，**我們**必須真誠地相信**如是的自己就已是夠好的**。我們都**可以**比本來的自己還要更好，但這不意味著我們**得要**變得更好才有價值。

成長的動力因素是勇氣，只有先相信自己的能力純熟且足以勝任，才可能真

119

的變成那樣。然而，我們假定自己必須要指出自己和他人的錯誤和缺陷，才能有
120 所幫助和糾正。我們都非常需要避免犯錯以免被羞辱，因此被害怕犯錯給制約
了。不管我們做得怎麼樣，一個錯誤都可能抹煞一切。在專制威權的社會中，順
服是理所當然的、偏差是不被容忍的，而這樣的概念也延續到現今的競爭氛圍
中。每個錯誤都會帶來危機狀態。

　　對錯誤的負向評價容不下鼓勵的存在。當我們敷衍地告訴孩子他其實可以做
得更好，只會更證實那些他並不合格的潛在批評。我們必須了解，我們**不能構築
在缺點上，而是要在優勢上**。只要**我們**不信任他們，就幫不了我們的孩子——或
其他人——相信自己。

自我尊重的需求

　　提升他人自尊的需求絕不應導向：他們的自尊意味著一切，我們的自尊不值
一提。這種「無私」不是「良善」，而是虛假的自豪感。我們是每個情境、衝突
部分的組合。否認自己有追求利益的需要，並不會讓我們變得好合作而只是順
從，良好的關係無法建築在順從跟姑息妥協的基礎上。我們不會因此獲得尊重，
沒有相互尊重，就不可能會有和諧與持久的平衡。

　　把自身利益與他人利益整合起來，是我們這個時代最艱鉅的任務之一，沒有
先例可循。思想和利益的對立面不一定會導致衝突或「妥協」。妥協不必然是協
議；兩造雙方都會感到被打敗或者被欺騙，伴隨繼之而來的痛苦。平等的雙方要
維持平衡需要**相互的贊同和共識**。在自我肯定與強迫他人之間、體貼與順從之
121 間，僅有一條微妙的分隔線；然而，分隔的兩側會有截然不同的結果，像磨擦與
和諧、友善與仇恨、戰爭與和平。

　　所謂平等雙方之間的和諧平衡是什麼呢？按照俗諺所表達的原則就是：「管

好自己的事就好。」這個格言並非意味我們不應該關心他人和共同的福祉，而是傳達義務和特權的意涵。我們必須有勇氣和毅力做**我們**認為正確的事情、考量到他人的利益和需求，但我們**沒有權利**告訴別人**他們**該做什麼。獨立和相互依存並非互斥，而是相輔相成。有堅定的觀念、興趣和信念並非是排除與他人合作，它反而能豐厚每一段關係。如果我們像上述這樣適當地開展關係，我們的立場也會得到尊重。

運用自然後果

這種管好自己的原則，提供正在尋找方法來鼓勵孩子尊重秩序、尊重他人需要的父母有用的指導原則。就像在成人的關係中一樣，很難區辨究竟是情境的要求還是我們個人的偏好，因此父母也很難區辨孩子自我決定的權利以及自己身為父母下指導棋的權利。但管好自己也允許「自然後果」的情境給孩子施加壓力，父母便能幫助孩子在尊重他人而沒有屈服或被羞辱的感覺下學習成長。在這種方法下，**親權本身即有的要求與權威性得以被替換**，誘導孩子是基於自己在乎且願意遵從秩序，不是屈服於父母的要求，因此也無須強調來自外在的壓力，而是從孩子的內在激發出適當的動機，不再需要酬賞和懲罰了。親子間在彼此皆受益的 122 狀況下有了共識，而不需要爭執和屈服，它為孩子設定了**必要的限制**。

對成人來說，懲罰和自然後果之間的差異往往難以察覺；對他們來說，不管是情境或個人使然，不愉快的後果仍然是令人不愉快，但對孩子來說卻不是這樣。如果我們允許現實邏輯的自然發展，孩子就有了選擇的自由，如果父母讓他選擇，他就會感到被尊重，而更願意做些有益的事。當父母耐心站在一旁，讓孩子為接受自己的責任而成長，講道理和責罵就減少了。

舉個例子，大家都會想吃東西——除了我們的小孩以外。吃飯時，父母經常

會要求孩子吃光盤子裡的所有食物，如果孩子拒絕，父母就會變得擔心和生氣。但是沒有人有權強迫別人吃飯；沒有好好吃飯或吃完給他的食物就會危害孩子的健康，這個理由太薄弱了。母親如此施壓，不是在刺激他的食欲，反而更**阻止**了孩子進食。在任何情況下，孩子都有權拒絕食物，但他也無權要求提供他特別的食物。一旦母親屈服了，為了「讓他吃」而給予孩子特別的關注或服務，就在對孩子進行壓制的同時，把自己變成孩子的奴隸。

同樣地，孩子有權兩手髒兮兮地來吃飯，但如果他的手髒了，母親沒有義務為他服務。孩子有權把玩具或個人物品隨處亂放，但沒有「權利」要求母親看管它們，或者跟在他後頭「提醒」他把東西移開。如果母親發現孩子的東西擋在路中間，她可能會把孩子的東西移到某處，而如果孩子後來發現東西不見了，這是他自己招致的後果。這一切都可以在友好的態度下進行，不需要任何強硬的言詞和敵意。事實上，有無敵意的情緒即為懲罰和自然後果之間的差別。[24] 孩子能事先知道可以預期什麼，並相應地定位好自己。

自然後果的原則最好能在家裡運用，但也可以在一定條件下於課堂中運用。只要我們屈服於任何人，就不能期望被他尊重；只要我們讓別人傷害我們，他們就會利用我們的弱點，迫使我們屈服；如果我們被嚇倒，就無法以友善而堅定的態度自我堅持。我們的報復並不會彌補我們的屈服。同時，我們無權要求任何關係中的他人屈服。如果不贊成一個人的行為，我們可以抽身，或重新思考自己的行徑，而無須任何爭論或爭鬥。當雙方不再需要臣服於彼此時，現實的壓力能誘導所有人思考他們共同的利益。

甘地的非暴力抵抗原則基本上反映了這個準則。我們不是來告訴任何人**他**該做什麼，或讓任何人來告訴**我們**該做什麼。站在我們明確的立場而言，我們可以

---

24 對於覺得自己被孩子打敗，又試圖將自己的意志強加給孩子的父母來說，這種區分是非常困難的。如果父母的態度是報復性的和懲罰性的，那麼最好的「自然」後果就變成了無效的處罰。

不受支配性所迫；我們可以維持自身利益而不強加於別人。我們可以抵制武力和侵略而不需戰鬥；我們不能以暴制暴。自我引導是一項基本權利，我們必須小心謹慎地保護它，而且從邏輯上講，只有我們賦予他人權利時，才能宣稱自己擁有這項權利。

秩序和自由

透過選擇的練習，孩子會產生一種自我決定的感覺，任何在民主氛圍中有自我尊重的人，不僅需要更渴望能自我決定，但父母一般很難意識到，孩子其實能為自己做出很多決定；相反地，父母限制孩子，讓他們受到自己的限制。日常生活中的所有問題幾乎都可以成為爭議的焦點，包括最基本的決定：上床時間、穿什麼、空閒時間做什麼、玩什麼、什麼時候吃什麼、如何說話如何走路、什麼當說什麼不當說，我們都強加──或試圖強加──我們的意志給別人。沒有一個人可以自由地做他認為合適的事情，因為他所做的一切總是會被某個人反對。沒有自由──也沒有秩序。我們必須習慣一個概念：在民主氛圍中，自由和秩序是不可分的。

我們很晚才認識到這個事實，因為我們是最近才在文化中經驗到這個狀況。在過去專制時代下，「自由」意味著無視於秩序；那就是人民反抗暴政，並最後獲得勝利的口號。今日，我們獲得了很多自由，但仍然傾向於使用它來反抗秩序，而且養育出這一代相信「自由」就意味著隨心所欲的孩子。當父母給人的印象是──也許不是口頭上的，而是行動上的──合作意味著「做我想要你做的事」，那麼孩子很快就會透過行為來模仿他們並要求回去，要父母只做讓**他**高興的事，也就不足為奇了。

單是話語本身無法說服孩子秩序對大家都有益，甚至對他們自己有益。當孩

子干擾秩序時，實際運用自然後果會更具說服力。例如，當強尼抗拒一些責任時，母親可以把他帶到一旁，問他如果下星期能做任何想做的事，他會有什麼感覺。每個男孩都會為這樣的指望高興不已，彷彿好到不夠真實。接著，母親問：「如果你可以隨心所欲，是否介意我也照我的意願去做？」同樣地，強尼會毫不猶豫地同意，因為對大多數孩子來說，反正無論如何，父母總是隨心所欲地做自己想做的事，所以強尼高興地期待第二天到來。第二天，當他要吃早餐時，媽媽還不想起床，他必須自己找東西吃。但因為他感覺自由，所以自行解決這個小小的問題對他來說是值得的。到了中午，他回家吃午飯，卻發現媽媽和朋友一起外出吃飯，冰箱是空的，而強尼餓了，這時情況就不那麼愉快了。當強尼浮現各式各樣的需求想跟媽媽索討時，她不想默許，孩子就開始再三思考。在一天結束前，強尼可能會對秩序的意涵產生新的想法，而突然意識到，秩序不像大多數孩子所假定的，都是為了父母自己好。

我們的孩子很少有機會體驗秩序的邏輯。我們很少意識到得要認同他人也享有自由，我們才能享受自由。只有當每個家庭成員都確認自己是身為群體中平等的一分子，所享有的自由是立基於為群體的共同福祉做出最大的貢獻，所有人都尊重群體所需的秩序，否則，不計他人代價的怨恨、反抗和侵權，就不可能實現和諧與秩序。

大家都渴望並為之奮鬥的平等，給所有人帶來巨大且嶄新的問題。民主必須從家開始。如果不能在家庭中實現平等，我們還能期待在哪裡落實呢？新的秩序要求每個人分擔整體的責任，夫妻和孩子可以根據個人能力和傾向承擔不同的功能，但是每個人都希望被充分欣賞，不管他是什麼樣的人或者做了什麼。

這種情況是很理想化但並非達不到，秩序不再是一、兩個人關心的問題，而是每個人都參與了它建立、實驗和探索的各種途徑，直到找到最適合共同利益的理想程序。那麼我們就有了對全人類以自由為基礎的秩序、以責任感為特徵的全球自由人，然後就能清楚羅伯特・弗朗西斯（Robert Francis）在其詩〈海鷗〉中

所描述的自由：

> 我們終身努力
>
> 想擁有卻失敗的，
>
> 這些海鷗卻毫不費力地達到了：
>
> **隊形變化多端中的飛翔仍然是自由。**（譯註：全詩原文請參下文）

Seagulls （by Robert Francis）

Between the under and the upper blue
All day the seagulls climb and swerve and soar,
Arc intersecting arc, curve over curve.

And you may watch them weaving a long time
And never see their pattern twice the same
And never see their pattern once imperfect.

Take any moment they are in the air.
If you could change them, if you had the power,
How would you place them other than they are?

What we have labored all our lives to have
And failed, these birds effortlessly achieve:
Freedom that flows in form and still is free.

性別之間的戰爭

（譯註：因原作著於 1970 年代，當時對性別的定義仍停留在「兩性」之間，而非現今的多元性別，且關於性別的論述也處於早期男性中心過渡到關注性別主體性的過程，因此本章闡述的觀點多留在兩性之間，但在當時男性優勢的社會文化中，已屬相當有創見與前瞻性的論述。）

也許在社會生活的各領域中，再也沒有比性別間的關係更快速且明顯地朝平等進步邁進。我們面臨的困境並不是女性勞工階層的**不平等**，而是女性目前已取得**平等**的後果。事實上，平等的權利並不存在且尚待建立，但女性並不了解其實她們的權利比黑人或孩童更早也更全面地被認同了（就孩童來說，他們的「需求」雖然有被看見其重要性，但卻從未如他們所需要的平等那般被對待）。

在大部分的文明史上，社會是父權體制。例如按照古猶太人的法律，丈夫可以因妻子的背叛而離婚，但若丈夫不忠，妻子卻無權離婚。在許多封建社會裡，如果妻子生不出兒子，可能會被迫離婚。但男性並不總是位居主宰的地位，有歷史證據顯示，在文明的早期階段，希臘、克里特島和埃及的某些母系文化，賦予女性許多可以拒絕男性的特權，即使是在一些不能與文明文化相比的原始社會裡，都曾經——也依然——賦予女性主導權。

主導權可能已從原本的性別轉移到另一個性別，但僅有少數幾個有限範圍的情況下，存在著近似於現代、特別是美國現今的性別平等。現今性別平等的程度

呼應了個人和群體關係中，所有相關領域對於平等倡議的趨勢；至於在其他領域裡，追求和倡議平等仍在持續發酵中，而隨之而來的許多衝突磨擦，正是我們國內最迫切的問題根源。

優勢性別的四種權利 128

只要某個性別位居堅定不移的主導地位，就會擁有以下四種具排他性的特權：政治上的、經濟上的、社會上的和性別上的。時至今日，仍只有男性享有這些權利和特權。他們獨自擁有政治權力，在男性主導的政府組織中，僅有少數女性統治者是例外情況。只有男性可以擁有、決定或繼承遺產，女性的社會地位全然取決於她所依靠的男性——像是父親、丈夫或兄弟。女性也沒有性行為的「自主權」，但男性有。僵化的宗教和世俗的法律**嚴格要求**純潔和一夫一妻制；但這些限制只**約束**女性。社會習俗允許男性的婚前性行為和婚外情，但如果女人失去「婦道」，她就會失去一切——尊重、社會地位，甚至是在家庭和社會中的地位。對男性來說，進入結婚之前幾乎必須要有過性「經驗」。

現在讓我們來檢核一下目前的情況。**政治上的**選舉權平等已經實現，女性可以獲選，但我們很難想像一個由女性為多數所組成的國會，然而，大部分的人卻毫無異議地接受了現在由多數男性所組成的國會。也只有在過去幾年中，才有人認真討論女性當選美國總統的可能性。政治上的性別平等正在進步中，但還沒有完全實現。

關於**經濟上的**性別平等，事實上在美國，大部分的財富已經是由女性所擁有。女性現在可以繼承財產、表示繼承意願。妻子自己賺取或收受的金錢亦不再歸丈夫所有，但是女性還沒有**完全的**經濟平等，例如：女性擁有的大部分財富都是由男性管理；高經濟地位也幾乎獨厚男性，儘管有例外，但女性的薪資整體上

129 仍低於同職等的男性。遇到失業時，在社會習俗支持男性優勢的合理化情況下，被期待要放棄工作的仍然是女性。

女性**尚未**獲得與男性相同的**社會**權利的現況，也許比較難認清。誠然，她們的社會地位不再取決於丈夫、父親或兄弟，可以根據自己的優勢在社會階層中升降。一位女性和社會階層比她低的男性結婚，並不必然影響她降至丈夫的社會階層，但卻有可能提升丈夫到她的社會階層。然而，女性視丈夫的姓氏是父權體制結構下的傳統社會標誌，而且離婚對女性的影響比男性更不利，儘管在這方面，情況也在迅速改變中。

討論**性**自主權（sexual right）是一項危險的任務。已經建立的性道德觀被許多人認為至關重要，以至於任何因為社會變化的偏差行為都會被視為不道德和冒犯，然而，道德概念確實反映出社會習俗和文化差異。法律和道德習俗不是由任何當局以外的權威強加於人的；它們是人所訂定出來的。雖是如此，當代社會朝向民主的轉變，無可避免地會產生出新的道德標準，沒有任何權威角色能抗拒這個進程。

過去社會對於與「性」有關的行為所採取的雙重標準現已逐漸崩解，主要原因是邁向性別平等的社會，迄今已被大多男性和女性所接受。一方面，受清教徒教派（Puritan）的影響（譯註：來自十六和十七世紀英格蘭的某一教派思維，主張簡化宗教禮儀，提倡自制和勤奮，認為享樂是錯誤且沒有必要的），要求現在的男性也應如女性一樣守貞才是性別平等的表徵，嚴格的一夫一妻制剝奪了有利於男性的特權；另一方面，對男性所施加的限制，要求他們如同以往的女性一
130 般，遵守相同程度的貞潔，因此民主的進化為女性帶來了新的自由。愈來愈多的女性參加工商業活動，以及——歷史上頭一遭——與男性在同等的部隊中服役，女性已擁有如男性般自由享有性別的權利。社會正在改變其習俗，並開始接受女性的新角色。對於未婚媽媽的侮辱正在迅速消失，因此女性決定自行撫養一個沒有法定父親的孩子亦不再失去自尊或社會地位，亦可視為社會習俗改變的象徵。

女性被賦予的性別規範因所屬不同的社群環境而有所差異，影響因素包含了種族和國家民族的組成、經濟和教育水平，以及盛行的宗教信仰等，這些因素在很大程度上決定了女性擁有的權利，若女性無論在何處都能被平等接受的話，其行為所擁有的選擇自由就愈不會受到性別限制。這種自由不僅意味著更大的自由度，也意味著更大的攻勢。在父權體制的情境下，即使女性學會以許多微妙且有效的方式引導男性的決定，但她們仍被認為應該是被動的、等待的、被選擇的。然而現今，有很多男性擔心女性會因為獲得獨立和特權而成為具主導性的性別。事實上，至少在家庭中，女性早就在許多方面已然成為主導性的一方了。

　　女性地位的變化實質上影響了她們的婚姻狀態，只要女性能透過婚姻找到自己的定位，她們就會盡力地進入婚姻。但時至今日，女性在結婚前和男性一樣頻繁地猶豫不決，和男性考量的一樣多，有時候甚至更多。在擇偶時，她們比過去的女性更加困惑。以前的擇偶很簡單，特別是因為它經常是女性完全無法掌握的。她的家長代為做決定，只要那個男人能支持妻子，沒有表現出明顯的缺點和缺陷，就會被認為是好歸宿。而現在的女性多半自己選擇，使得標準更複雜。有兩個因素讓現代女性有所混淆：一個往往是意識考量——所謂的浪漫愛情；另一個是多數人都沒意識到的內在衝突：男女競爭。 131

浪漫的愛

　　女性日益平等所帶來的混淆和特性，即是對浪漫愛情的重視。社會學家和精神科醫師早已認知到，愛情本身並不是選擇伴侶的充分依據，當女性擁有較少的機會，她幾乎別無選擇，其他的配對資格變得更重要。墜入愛河往往只是一種性吸引力的表現，不論是過去或現在，這樣的表現都不足以保證未來進入婚姻後能美滿。當最初的迷戀結束，夫妻頭一遭發現彼此面對的是他人而不是熱戀中的戀

人時，通常會發現兩人沒有什麼共同之處。隨之而來的是失望，進而經常妨礙他們相互調適的意願。從另一方面看來，共同的興趣、相同的背景、人格特質的互補，最終可能會引發深刻而持久的愛：基於強烈的歸屬感和對彼此的渴望。諷刺的是，當女性只與和她們「墜入愛河」的男性結婚時，她們模仿男子氣概的擇偶方式：在父權體制下，身體上的吸引力是女性的主要本錢。在這樣的條件下，沒有一個男人會擔心新娘的人格特質；他有充分的理由期待她會按照自己的意願去做。而且因為新娘被假定是天真無知且未經世事的，可任由他隨心所欲地塑造其人格。

　　尋找浪漫愛情傳達出現代女性追求性和感官的滿足。有證據指出，當性滿足被視為男性的「自然」特權，且女性只是提供這種特權的一種工具，女性的性冷感就相對常見。某種程度上，在許多文化裡，女性即便是被丈夫喚起性欲都會被認為不恰當。「好妻子」是沒有任何性欲望和要求的，以及現代女性擺脫了過去幾個世紀以來對性渴望的傳統束縛，使得我們這一代在婚前和婚後都出現新的問題。而性欲過盛的男人總能找到願意順從的對象，女性對表現得男子氣概的訴求，可能會造成更嚴重的問題。

性別之間的競爭

　　第二個影響並混淆許多現代女性對婚姻想法的因素，遠比追求浪漫之愛更具破壞性。更糟糕的是，她們甚至通常沒有覺察到這個問題，因此被後續的婚姻磨難所困。

　　現代女性面臨奇特的困境，一方面，她是千百年來女性順服下的產物，因此，她仍在尋找可以依靠的優越男性，他是強壯的、可靠的、有能力保護她的。在成長的歲月裡，她可能已經和父親這樣的男人相處，而他也是最後僅存的優越

男性，所以她會尋求這般優秀的男性做為伴侶，但卻很難找到。因為男性若和女性擁有同樣的教育程度、生活經驗和訓練，往往難比女性更優秀，甚至女性可能會比男性更成功。另一方面，現代女性也是二十世紀的產物，誰都不想比誰低一等或順服於任何人。

上述困境往往帶來災難性的後果，她可能會避開任何對其主導權有威脅的強勢男性，並且嫁給願意屈從於自己優勢的男性，然後強烈抱怨丈夫不是個值得尊重的「真」男人。或者，她可能屈服於一個看起來強壯且優越的男性，然後努力在婚姻中向自己或丈夫證明，他的男性「優越」（superiority）根本是場騙局。在隨之而來的幻滅中，丈夫要不是表現得像個弱者，就是像個惡霸般，成功抵制妻子想「滅其威風」的種種努力。無論如何，當夫妻間的合作與相互尊重被優越和統治權的爭鬥所取代時，往往就會為婚姻帶來無可挽回的後果。 133

無論關係中的雙方是否認同彼此努力獲取優越感，現今的婚姻常是夫妻雙方的戰場，不確定自己的地位是否穩固，爭奪主導權，所有的困境和困難都是關係的測試。然而，財務上的困難、姻親關係、性的問題、不忠、對立不相容——任何可能被視為婚姻問題的成因——事實上並不真的是問題的**成因**，而是衝突發生時雙方都感到挫敗的**狀況或場合**。只要夫妻關係友善，只要他們不互相競爭且不憎恨對方，困難和困境就會把他們拉得更靠近，激發他們共同努力來處理這些窘境。但在較勁和競爭的氣氛下，每個人都因為共同的困境指責對方；每個人都感到被忽視、被羞辱、被虐待，都會讓對方感覺到自己遭受不公平的批評和拒絕。

在過去，男性經常是尋求分居和離異的一方；近年來更多的是女性。這個事實在在反映出女性比過去更獨立，她們理解到即使沒有男性，仍能維持自己現有的社會地位。但有一個更嚴肅的含義：離婚率的上升，是女性不滿意男性往往達不到她所設標準的佐證。過去有好一段時間，女性想和男性一樣好，但現在她們想要變得更好。當女性變得如此「好」的時候，至少在家裡，丈夫和子女很難做 134
到她期待的一樣好。

男性的回應

對男性來說，很難從傳統「男性**天生**優於女性」的假定中跳脫，例如：女性有比男性長得更高、身體更強壯、先天聲音就比較低沉、大腦更大嗎？儘管女性在運動上的紀錄可能比男性先前所達到的標準還要高，但是大部分領域的紀錄保持者仍然是男性。因此，在性別關係中，難道男性不是「先天」就被賦予享有優越的社會角色和支配性地位嗎？

男性「先天」優越的假定對女性**和**男性來說一直都是種威脅。阿德勒創造了「男性欽羨」（masculine protest）一詞，以指稱女性如何反對男性優越感的假定，同時男性因為自己的優越假定而感到挫敗，不敢肯定自己擁有假定那般的超凡能力，因而無法成為自己原本應該可以成為的強壯男性。事實上，男性在身體力量和身高的優越可能只是傳統擇偶模式的結果，女性很可能對和較矮小的男性配對感到尷尬，而男子可能會選擇體型更嬌小的女性做為配偶。在「自然選擇」的過程中，高大的女性較難找到配偶。無論如何，由於平等的趨勢允許女性嫁給較矮的男性，而男性也開始選擇年齡和體型較大的伴侶，身高和力量的性別決定可能會慢慢消失。

男性化和女性化模式的改變，對男孩和女孩都造成相當程度的混淆。基於智力和道德品質的新女性優越（feminine superiority）概念正在浮現，並導向新的「女性欽羨」（feminine protest）。然而與此同時，女性愈來愈覺得自己不能達成的**那種**理想女性，往往是來自自己的母親，而男性則是對新興的女性優越憤恨不滿。

實際上，倘若男性知道拋下扮演優越角色的義務時，他們便能擺脫難以承受的負擔。只要男性追尋男性優越這種迷思，就永遠無法與那些持續追求、不斷成功的女性和平相處，並且會不斷挑戰每一個「優越」的蛛絲馬跡。

135

相互懷疑

在這種情況下，對兩性來說都很難確認何謂本質上的平等。男性往往不相信自己會受到尊重和讚賞；女性則傾向於認為自己被主宰、被支配。在社會與性別功能上的分歧，從高知識性的爭論到日常瑣事的爭吵，都提供了充分的機會引發是誰當家做主的問題。只要不確定自己的價值和平等地位，每個人都會假定自己會被伴侶打敗，但同時，對方也同樣覺得挫敗，每個人都難以相信另一半也會有同樣的失敗感，每個人都害怕對方，同時也不明白對方有什麼理由要害怕自己。每個困境、爭議、意見分歧，都注入了性別間永不止息的鬥爭；這樣的鬥爭不僅抹去可能的解決辦法，也會引起敵意和不信任，然而雙方都不能獨自生活且又無法學會如何和平相處。

有個事件可以呈現出將「性別間的鬥爭」這種內在傾向注入各種互動形式中的情況。多年前在維也納，我曾向一個女性團體講過關於平等和女性權利的議題，會議主席對於她終於發現有個男人沒有所謂的男性優越十分高興。據她所述，很少有男性會尊重女性。我駁斥這個說法，並向她保證有很多男性也和我有相同的觀點，我認為也許是她自討沒趣激起了這個話題。

當時沒有機會延續我們對這個議題的討論，但她是一名教育工作者，我們都對同樣的問題感興趣，於是後來她邀請我去喝茶，交流彼此的經驗。隨著我們討論兒童輔導和人格發展的不同面向時，我們的差異愈形明顯，彼此所思考運作的科學基礎截然不同且相互對立。她是佛洛伊德學派，而我是阿德勒學派，於是討論變得更加激烈，我們都捍衛自己的立場且挑戰對方。突然間，這位女主人打斷了討論，並且表達了對我的失望。她原以為，和其他男人相比，我應該會更尊重女性及她的意見，但現在她發現我和其他人一樣，只想把自己的男性優越建築在她之上。

然而我們所做的一切，就像是兩個男性在討論相互衝突的心理學理論可能會

發生的情況一樣。

無法相容

　　不論是興趣或性生活上的互不相容造成婚姻失敗，這種抱怨的頻率清楚呈現出平等在現代家庭生活中所產生的效果。

　　興趣的差異並不一定會干擾關係，戀愛中的年輕女孩很願意跟隨男友的興趣，就算這些事情對她來說很陌生。譬如她沒有任何體育活動的背景知識足以支持她看懂球賽，但過了不久之後，她便能和男友一樣盡情享受球賽，她對男友感興趣之事的參與能力取決於他們的關係。事實上，婚姻中的雙方都可以激發彼此的新興趣，然而，一旦到了兩人都感覺被忽視的階段，他們相異的傾向和喜好便會讓一方感到被拒絕，另一方則覺得有壓力和負擔。

　　因此，性別間時常出現的興趣差異往往是競爭的結果。男人們仍然試圖為自己保留一些活動，如政治、商業和體育。在這個「男性的世界」中，他們感到安全。同樣地，女性比男性更喜歡美術、戲劇、文學、心理學和教育。這種興趣差異可能是因為女性比男性有更多閒暇時間，但無論如何，這些興趣確實為女性提供了一些優越性。

　　當伴侶擴大了另一半的視野時，興趣的差異**可以**豐富婚姻，但興趣的歧異若做為競爭武器時，就具有高度破壞性。妻子可能會「試圖」誘導丈夫參加知識、文化和社會活動，但不知不覺利用了她的背景和訓練，而隱微地主張自己的優越感。她使丈夫幾乎無法跟上她的引領，而非鼓勵丈夫。當丈夫發現自己跟不上妻子，同時也關注著如何保有自己的男性優越感時，就會避開那些只能屈居人後的情境。因此，許多成功的商人和管理者都會迴避社交活動，因為他們只有在自己身居「上位」時才能運作，還沒發展出在群體或社交聚會中發光發熱的技能。

文學和藝術提供許多讓彼此都享受其中的機會，但是妻子的完美主義、沒耐性且急躁的批評，可能會讓丈夫無法樂在其中。同樣地，很多男人譴責自己的妻子缺乏商業概念，而一旦妻子擁有和使用這些概念時，他們卻又變得憤恨不已。 138
在競爭的關係中，每個人都很難承認另一半的能力。

性生活不滿足

似乎婚姻中完全的性滿足比在婚姻外來得少見。但這裡我們要再次重申，不滿足是婚姻不和諧的結果而非原因，並不一定反映性格上、脾氣和傾向上的不協調；因為同樣的兩個人在婚姻剛開始時可以有非常滿意的性經驗，到後來才變得不能相互滿足，但彼此在性格上未必有任何真正的變化。

「無法相容」一詞假定了兩人有基本的差異，但這種差異通常根本不存在。任何兩個成年人的性別氣質和訓練當然有所不同，結婚的兩個人過去不可能有同樣的經歷和態度，但是這些不同可以用以互利、互補且豐富彼此。只要雙方都想互相取悅，每個人都可以適應對方的渴望、訓練和需求。在這種相互適應中，伴侶雙方都有所改變，並獲得在關係中享受的共有基礎。因此，婚後出現許多性生活上的困難也並非偶然，對抗和磨擦不斷累積著；此時，需要全面合作的親密結合已經瓦解。

女性新獲得的平等也是一個令人憂慮的因素。過去，可能不太會頻繁發生性生活的挫折，男性要找到滿足感並不困難，而且他們很少關心女性的需要。對男性來說，性是社會認可的權利，女性只是有利於行使這種權利的對象，女性承認並接受她們做為性的客體，為男性服務是種義務，無論她們如何感受，這是她們的「責任」。而今日，女性在獲得全面的社會成員地位之後，也要求享有追求滿 139
足的相等權利。

兩個人不可能總是在同一時間、同一程度上要求同一件事，只要關係良好和諧，需求的歧異就不成問題。但是在追求相互平等的鬥爭中，差異成了競爭的場合。婚姻被認為是「五五分」的對等命題，而這個假定是大多數婚姻問題的根源。每個伴侶都在不斷觀察，以確保自己能獲得 50%，並且害怕只得到 49%或更少。然而，只有當每位伴侶都願意百分之百付出時，才可能會有和諧的婚姻，只有這樣，他才能把任何意外狀況看作是可以面對的挑戰。

　　有限的婚姻承諾和性的功能有直接的關係。只要一方想比另一方獲得更多，雙方就會感到受損害。當一方感到被拒絕，而另一方又強加於人，一旦達到這個階段，惡性循環就開始了。為了證明自己的權利，也為了指出對方缺乏合作，一方擴大了自己的要求，而另一方在怨恨中變得更不願意屈服。

　　對「成功」和「失敗」的關注更加擾亂了性的功能。如果一方伴侶全神貫注於外在無關的問題，便不可能在性關係中充分發揮功能，而關注伴侶的「適當性」則會抑制一個人的性行為表現。因此，在女性平等漸增的時代下，男性變得陽痿或為尋求逃離而成為同性戀，可能並不僅僅是巧合。同性戀是一種文化現象，如同古希臘民主進程中，即因為同性戀與少年愛的盛行而影響了女性的社會地位（譯註：本文撰寫於美國同性戀意識剛起步的七〇年代，而今社會對於同性戀已去病理化，也不再認定是一種文化表現或流行風尚的追求；根據最新研究，性取向並不是一種生活方式的選擇，而是先天基因表徵、自我認同的展現，如同異性間親密關係般的自然現象。作者對同性戀的闡述有其時代背景的限制，本段重點在於男性感受到競爭與威脅時，其「表現無能以及逃避」的錯誤行為目標的展現）。

　　顯然，對成功的關注導致了對完美的渴望，無論我們做什麼都必須「恰到好處」；否則，我們就是失敗者。這種態度也為婚姻中的性行為下了一個令人堪憂的註記，每個行為都應該是「完美的」，偏離標準變得痛苦，特別是對女性來說，即使她們做錯了，也必須是「以正確的方式」犯錯。如此在親密的互動上，

140

人際關係中的所有缺陷都會變得更凸顯。在工作和社交上有限的合作還能勉強過得去，因為我們沒有必要**付出**自己。婚姻中則不允許這樣的距離，它需要我們完全付出自己，如果我們緊張、恐懼、憂慮，就不可能有美好的婚姻關係。而性滿足卻是以放鬆和享受的能力為前提。

不忠

在婚姻中受到干擾的性關係，以及對出軌（escapades）和性「勝利」（sexual victories）的渴望，讓不忠行為變得更為普遍。與過去相比，在現代婚姻中，不忠引起了日益嚴重的問題。在過去，男性濫交受到社會制裁的默許，而今日，女性不願再接受「不忠」是男性的特權。她們覺得自己的人格受到了羞辱，要麼報復，要麼考慮等同於離婚的不忠行為，離婚或許還比較合理。

「不忠」（infidelity）和「偷吃」（cheating）這兩個詞需要在現今的民主背景下重新評估。昔日的丈夫和女性調情並不認為是自己對妻子「不老實」（unfaithful），他將妻子視為家中的女主人、孩子的母親、社會伴侶般恭敬地對待她，在性方面的出軌被認為是其男性需求的必要出口，而女性應該有不同的需求；因此，他們的性踰矩不得被評斷，做為母親的女性必須是純潔的——男性統治的社會就是這樣規定的。女性必須保持「堅貞」（faithful）和「純潔」（clean）——否則，她們就沒有任何被考量和尊重的權利。

很顯然，對女性在忠誠上的要求反映了男性的占有欲。丈夫「占有」他的妻子，如同擁有自己的財產和珠寶般，但也只有妻子做為被占有的一部分，「不忠」或「不堅貞」這個詞才有意義。過去的妻子從來不曾「占有」一個丈夫，是他擁有她；因此，他婚姻外的關係既不是不老實也非不忠。然而，她所犯下的踰矩或不忠，則取決於她被征服（subjugation）的程度。穆斯林女性若以正臉面對

另一個男人便是不忠貞。在其他某些國家，沒有夥伴同行的女性不被允許外出上街；如果她對陌生人多看一眼，也是對婚姻的不貞。隨著女性獨立和自由的增加，愈來愈多女性以自由主體的身分向這個世界探險，但是問題仍然有待解答，例如：已婚女性在哪種程度上才不至於被認為不忠。

如果我們和異性一起去吃午餐、晚餐或看電影，這是不貞和不忠的行為嗎？還是完全取決於我們對這個人的感受？那麼，如果我們對一個人浪漫地幻想或性幻想、夢到他或被他激起種種感受，這是不忠嗎？親吻或擁抱是不忠嗎？還是這種情況的不忠只限於以握手開始的身體接觸？這種接觸只在公開時是被允許的，而私下進行就不行？還是不忠只涉及性交？可以肯定的是，幾乎每個人對這些問題都有明確的想法，但是他的想法可能與左鄰右舍大不相同。

新的性別規範

很顯然，我們的性別規範已不再如同過去那般，很多人所謂的道德淪喪只是因為有些人仍堅持過去的守則罷了。

新建立的性別平等使我們得面臨重新確立性別規範的任務，因為舊的雙重標準模式已不再為社會大眾所接受。

隨著傳統道德觀念的崩解，混淆隨之到來，由於過去僵化的性別規範受到許多人譴責，而新的觀念又尚未建立，每個人不但自由，且迫使大家找出自己的結論，發展自己對性的態度和適當的性行為。群體認同扮演著重要的部分，但絕不會減少混淆，因為各種文化、種族、民族、宗教和經濟組織都為自己建立了不同的模式。

在任何時代，都可以區分三個層面的性別規範。首先是**公開聲明的規範**（openly declared code）。通常，這些規範或多或少接收了宗教和世俗的規定。

一夫一妻制被接受為規定，而女性仍如同過往般被認定、被期待要是純潔和忠貞，而且對於某些人來說，保有童貞仍有其神聖的意義。即使是對這些嚴格要求有所懷疑的男人，往往也難以不將這些觀點加諸在自己的女人（妻子和女兒）身上。女兒永遠不被允許去做的事，兒子通常都會被「原諒」。

然而，當人們談到性和禮儀時，那並不一定代表他們真正認為的是非。每個人真正相信的**私有規範**（private code）在第二層，還有第三層次的性別規範，即**實際實踐**（actual practice）。許多人都會做他們自己認為是錯的事情，他們的行為與其價值體系並不一致。

阿爾弗雷德·金賽（Alfred Kinsey）對當代的性觀念幫了倒忙。他主要在記錄人們實際上做了什麼，而給大眾這樣的印象：個人行為表達了其價值體系。但這並不正確。例如，一個女孩可能會相信「自由戀愛」但不會真的這麼做；相反地，一個自慰的男孩可能不認為自慰是「適當」的事。換句話說，是**信念**（belief）表達了道德規範，而不是行為本身。信念和堅信（conviction）本身可以形成價值判斷的基礎。不幸的是，很少有人能理解自己的道德信仰是什麼，更不清楚別人的道德信仰為何。目前幾乎不可能有任何確切的性行為規範能被多數人所認同接受，且可以代表當前習俗的觀點。

年輕一代特別感受到明確定義的性道德觀並不存在，很少有年輕人仍然毫無異議地接受成人的標準，尤其是在他們完全認知到成人對性的態度有許多矛盾和不確定性的情況下。年輕人想要答案，但是誰能給他們答案？

人們無法預測最終會出現並被普遍接受的性別規範為何，然而可以確定的是，女性和孩童將在確立的新性別標準上扮演重要的角色。

婚姻的未來

　　很多人質疑婚姻制度能否續存下去。當然，今日的婚姻不再能實現其長久以來的三個功能。首先，婚姻是經濟生存的基礎，沒有提供者，家庭就不可能存在。今日，許多女性都很有能力，沒有丈夫也能養家。第二，只有在婚姻中才允許有性滿足，至少對女性來說是如此，而某些道德規範也不允許男性有婚姻關係以外的關係發展，除非他們「偷偷摸摸」，但今日婚外性行為很普遍。就第三個144　婚姻功能「撫養孩子」而言，我們不僅發現很多父母並未學習適當的方法來恰當地撫養子女，甚至還有許多情況是女性在撫養子女，沒有父親的陪伴。

　　一個令人痛心的事實是：婚外性滿足的可得性與日俱增，對於是否需要婚姻的質疑愈來愈多。會這樣發展有很多原因，其中的主因可能是婚外情提供無意間的「中場休息」，遠離自己的伴侶，減輕夫妻雙方面臨的壓力，但也有禁忌的誘惑和不斷想獵尋新的戰利品的成分在內。

　　儘管有了這樣的發展，但毫無疑問地，雙方在精神上和身體上都完全付出給彼此的婚姻締結，仍然是人類最高的願望之一。不幸的是，我們無法在密切的關係中平等地運作以至於傷害了這樣的締結，這就是為什麼性在婚姻中仍然是一個令人不安的因素。但是我們可以假定，一旦人們學會彼此平等地生活，一夫一妻的理想制度，就不會像是社會壓力強加於個人那般，而且被法律所維護。之所以選擇一夫一妻制，是因為它滿足了人們更深層的需求，意味著夥伴關係和分享可能會更好或更壞。也只有這樣，性才會失去喚起焦慮、恐懼和罪惡感的能力。

　　如果對失敗、羞辱、責難、經濟困難、對孩童的有害影響等的恐懼消失，性功能將會以不同的方式呈現。陽痿、性冷感和同性戀可能就是這種恐懼的後果，透過預期以實現。（譯註：如同前註，作者強調的是逃避的策略以及預期性的失敗）占有與嫉妒，其不可避免的後果──怨恨與報復──可能會被揚棄。每個人

都可以自由地做自己決定的事，因為他尊重配偶有同樣的權利。我們可以容忍配 145
偶可能對另一個人有好感，而且沒有怨恨和恐懼。性不再被視為是罪（sin），
而伴侶對彼此隸屬的渴望能讓每個人全面行動自由。真正的團結力量決定於彼此
的相處，考量另一半如同自己生活的一部分，獨立於不可避免的情緒波動之外。
婚姻夥伴不必視彼此為威脅，雙方都可以為他們的結盟貢獻一己力量，使之更加
堅定。

父母的角色

平等如何影響父親在家庭中的功能？顯然這個效果很大，因為強壯的父親形
象大多已經消逝──而部分依然存在，這產生了一種令人懷疑的影響：最有能力
和最有男子氣概的男人往往對他們的孩子有相當不利的影響。他們的兒子對自己
的能力感到絕望，因為他們無法像父親一樣強大和有能力，因此懷疑自己是否有
能力成為「真正的男人」。女兒則認為少有其他男人能匹敵自己心中如優越男性
般強壯的父親，而沒有意識到父親是正在消逝且最後殘餘的優越男性。

任何關於「要成為某種類型的父母才能適當地教養孩子」都是謬誤的假定。
知道如何面對、影響孩子的父母，不管其性格如何，都可以非常成功地教養孩
子。一個有興趣影響孩子的父親可以學會做到和孩子的母親一樣好，但有一件事
是在民主下絕對不能做的：任一方父母都不能告訴另一方該怎麼做。因為沒有人
有權力告訴別人該做什麼，但是每個人都有充分的機會發揮自己有益的影響力。

女性地位的變化也帶來母親角色和功能的改變。父親不再是普世公認的家庭 146
領導者，而是經常被母親所取代。因此有些父親會退出撫養孩子的任務，有些則
是反對妻子的教養方式。無論如何，我們不能再說「父親說的都對」──因為在
大多數情況下，母親說的才是對的！

家庭中的競爭氣氛會影響親子間及手足間的關係。在傳統封建的家庭中，長子的地位至高無上，沒有其他孩子可以挑戰他的優越地位。今日，每個孩子都為自己的位置而與手足競爭，經常站在父母的其中一方去對抗另一方。我們不再能於家庭中找到明確的男性化和女性化的模式，家庭中的男性化模式也不再是由男孩獨占，女孩可能會遵循父親的男性化特質，而男孩可能會跟隨母親的女性化特質，形成混合及融合的模式，但這種模式在已清楚定義男性優越的靜態社會秩序中很少被發現。[25]

母親為自己在家庭中所獲得的地位付出了高昂的代價。當孩子不接受自己的權威和所建立的規則時，她們便會變得威信掃地，因此，母親的不適感愈來愈大，她們把孩子的一切錯誤行為、罪行視為個人失敗的標誌。許多女性為爭取平等而選擇高尚的道德標準和知識標準，但這並不一定會刺激孩童效法；相反地，她們禁止孩子的各種行為。許多野心勃勃和完美主義的母親讓她們的丈夫和孩子感到挫敗，因為他們根本無法達到妻子或母親的期望，然後這些女性為她們誘使丈夫跟孩子卻表現不當和失敗時，感到驚訝和震驚。一個「有效能」的母親往往是孩子發展的最大障礙。

當孩子長大後，這些母親付出更大的代價，屆時她們失去如女王般的地位。當孩子長大、成家、定居下來，母親就沒有什麼事情能做了，孩子擺脫了母親的監督，只留給母親一片生活的空虛。丈夫和孩子的連結通常不會那麼密切，而當孩子離家，母親在家庭中就不再有任何功能。

這就是高效能母親在更年期所經歷到神經衰弱（nervous breakdowns）的原因，「生活的改變」對女性社會功能的變化遠大於腺體系統的變化。任何一位全心投入家庭和養育子女的現代女性，都將面臨這樣的危機。

---

25 在許多拉丁國家，男性、女性應然的舊角色模式依然有效力，引領男孩和女孩進入明確模式的功能和行為。

因此，當女性獲得平等時，她們的職能就不能只是繞著家庭打轉了。事實上，習慣於學習和工作的女性，若突然迫於婚姻而成為傳統的家庭主婦角色，在母職結束後，會發現自己處於一種失落的狀態。她們要麼失去職業技能，要麼沒有充分地發展自己；因此，她們找不到一種工作的地位和責任能等同於在家庭中所享受的，她們已經變得成熟且高效能，無法不顧及聲望和重要性而從零開始隨意找個工作做。

母職或事業？

因此，現代女性的重要挑戰之一，就是在職業生涯和為母之道間找到新的平衡點。現在已經不可能為了只選擇一種跑道而付出捨棄另一種跑道的代價了。許 148 多人已經意識到我們的文化發展允許女人可以，甚至是必須在事業和家庭間做出選擇。但是試想一下，若我們告訴一個男人，他不得不在工作和家庭間做出選擇，那會是多麼可笑。

自然，女性做為母親的責任遠高於男性身為父親的責任，她需要更多的時間和精力，但是妻子和母親們履行自己角色義務時所需的時間，其實並不像多數女性或男性認為的那麼多。

科技的進步使得處理家務的時間比以往任何時候都少了許多，女性的家庭工作量愈來愈少，因為家務勞動已被認為是丈夫和妻子的共同任務，這是性別平等進步的必然結果。由於家務不再是分配給「弱勢」性別的低等工作，家務協助可能再次以專業人員的形式出現，而不是傳統上低尊嚴的僕人。

無論如何，母親與子女共度時光的**長短**並不重要，重要的是她**如何**度過。研究指出，孩子需要母親的身體親近才能在情感上和社會上順利發展，如果更強調餵養、斷奶、如廁訓練和滿足本能需求，母親與寶寶相處的時間自然就會變得非

常重要。但是另一方面，如果社會關係的重要性得到認可，就會發生不同的情況，那麼母親和孩子間關係的重點就不再是**時間**，而是她所建立的**關係品質**。而且有證據指出，如果女性有戶外活動和興趣，將會是更好的母親。當她們把全部時間和精力都投注在孩子身上時，就處於將價值和意義完全建築在孩子身上的危險中，也會壓得孩子喘不過氣。

149

人與宇宙

人之生物性、社會性，
以及宇宙性自卑

151　　如同我們已經看到的，在民主社會中，如果人感受不到也不知道自己在社群中的價值、在人類自尊上自己與大家平等，就不可能單獨好好地存活，也不可能在社群中與他人和平相處。他感受到了嗎？他知道嗎？一方面人類總是渴望被平等對待，另一方面也總覺得自己仍有不足，而且周遭經驗總是在確認他內心的假定：是的，我總是不足、有缺陷。像這樣似非而是的想法，是否真實？還是幻覺？在個人層面上，我們可以知道這是幻覺，但是在其他層面上呢？現在讓我們進入生物上的、社會上的，以及宇宙上的層次好好研究。這些人類所存活的層面，彼此交織，值得我們分別探究。

人的生物性自卑

　　從生物觀點來看，人類是大自然創造出來的，是大自然的一部分。大自然不僅圍繞著人類，大自然的力量如同對動物或植物一樣，也在人類自身內部運作著，然而，人類絕不僅只是大自然手中被動臣服的黃泥黏土之作而已。人類，其

實也是創造者，能夠改變環境；人類，以既是創造者也是受造物之姿，與大自然**互動**。人類發現了大自然的法則，運用法則，增益自身。

　　大自然給人類的限制，並沒有壓垮人類；相反地，為了生存而奮鬥，反而促進人類的演化與進步。大自然既是人類的朋友，同時也是敵人。大自然持續祭出物種滅亡的威脅，但它也賦予人類天生的潛能，刺激創造與成長。大自然從未賦予人類攻擊性的武器，例如以強壯肌肉支撐的利爪、尖喙與利牙，也不曾幫人類武裝起如龜殼般的盾、如小鹿般輕快的腿、如魚類與鳥禽般的保護色來防禦自己；但是，大自然卻授予人類成功的補償能力（compensation）。

　　身體上的弱點是人類物種發展繁衍的重要刺激。面對生存的各種威脅，人類 152 在肉體上的脆弱到頭來變成其能力精進的重要元素，使得大自然也順從在人類的意志之下。人類在生理上具有種種不足與缺陷，然而終究以其智能發展，克服了這些弱點。正因為人類跑不快也缺乏攻擊力道，所以發明弓、箭甚至於矛；正因為沒有堅強的天然防護，所以利用掩蔽及皮毛來保暖。透過對生理上不足與缺陷的補償，人類逐漸戰勝大自然力量，學會各項專精能力。人類也學會如何運用這些要素，來為自己服務、讓自己更好，使生物學變成合作夥伴，共同來抵抗疾病。最近人類甚至打開了次原子結構（subatomic structure）的祕密，開發出原子能的運用技術（譯註：本書原文於 1971 年出版，當時物理學對次原子粒子的理論與實驗有嶄新的突破，量子力學對當時的科學哲學造成相當大的衝擊）。

　　今天人類可以宣稱在戰勝大自然上的戰績彪炳。科學給予人類克服大自然威脅的有效方法，當困境來時，科學提供人類探勘、研究與實驗的新方法來面對。例如，內科醫師面對新疾病時完全不用慌張，甚至是充滿好奇，而且抱定決心要好好整治它，他們不會因為人類的脆弱與生理上的弱點而覺得不安全。如果他們企圖心過大，這場戰爭最後輸給了死亡，就個人而言，他們會覺自己被打敗了，但他們並不會因此覺得人類無助與無望，因為在醫學領域中，他們就是人類的代表，充滿信心、強化研究，最終會找到解決的辦法。其他領域的科學家在面對災

難性威脅時也是如此，他們冷靜地研究新問題，尋找可能的解決方案。人類的不足不是警報，他們擁有自己的支持系統與資源。對科學效能的信賴，使得他們的武裝更為強壯，如同平民對宗教的信賴一般。

153　　人類在大自然力量之下真的那麼脆弱嗎？絕對不是。考量那麼多面向之後，我們知道所有這些大自然力量都已在人類的控制之下。例如，我們需要對火恐懼嗎？不，我們了解火的性質，知道如何利用它，讓火來為我們服務。想想看人類廣泛運用火的這種危險力量，而大火釀成的災難相對地也變少了。生理上的絕對安全感並非到處都存在，但是我們無須一直活在恐懼中。

然而，人類的自卑感依舊很固著。我們因為生物上的需求與限制，發揮創意運用資源，爭取到實際上的自由，但我們自己卻很少正式承認這一點。即使是科學家，仍舊被失敗主義的哲學（defeatist philosophy）所籠罩，誇大人類生理上的缺失與弱處，強調人類被自然驅力與動物本能所掌控。這種理論立足於深度懷疑人類能否發揮強大的適應力以自我掌控。

人的社會性自卑

人類大腦的發展以及智能的力量，僅只是人類種種補償性成就之一，人類的另一個成就是形成緊密的社會團體。人永遠存活在社會中；人，就是社會性的存在（social existence）。不論我們怎麼說，具體而言，人類的存在就是社會交流互動（social intercourse）的具體展現。人類的品質，表現在每一個個體的社會性取向上、社會參與的方法上，以及社會往來互動上。每個人的個性建築在與人接觸時所發展出來的概念與態度上。人在身體上以及心智上的組成，導向於如何適應社會生活。人所面臨的衝突，那些看似完全存在於自己身上的矛盾，涉及社會與社會上的各式運作機制（agent），其實也包括了他周圍的人。

團體的成形、緊密社會聯繫的建立，以及社會氛圍的出現，都衝擊著人類必須以社會規範來面對，而且依據大自然的生物法則來變化調整。

社會成形的當下，也形成組織的新維度。許多當代科學家（尤其心理學家）154 忽視此新維度，仍傾向把人類看成一個生物性單位。生物性的與社會性的生存乃基於不同的前提與條件。某方面而言，社會規範也來自大自然，因為社會的發展實則源自生物的生存鬥爭。然而，社會生活也在調整著社會規範，像是「叢林法則」（the laws of the jungle），便生動描繪了大自然裡的孤單生活。

在社會中，合作是基本原則。即使人在社會之外，只要是依靠他人而生存，就必定需要合作，特別是母親和孩子之間的合作。大自然，有時表面上看起來和平和諧，其實卻破壞力十足。每一種生物的生存其實都基於另一種生物的犧牲，以強凌弱，弱肉強食，如拉爾夫‧沃爾多‧艾默生（Ralph Waldo Emerson）所說：「物種之存活乃在犧牲物種。」（Race living at the expense of race.）但社會生活改變了這種模式。儘管還是有群體剝削其他群體，但每個社會的前提是相互幫忙，而不是剝削。這短暫的文明時期，其實僅是人類歷史的一小部分，原始社會的某些合作成分喪失了，但合作原則仍在宗教中和國家法律中得到認可，至少控制了也限制了相互的剝削。沒有合作就沒有密切的生活，生活在群體中的動物也是如此。社會接觸愈密切，個人就愈融入群體，而且社會性生活與孤獨的生活兩者之間的差異就愈明顯。

社會氛圍對生物功能的全面影響，可以在個人與團體緊密結合時觀察得到。生活在最緊密結合之社會中的蜜蜂，已經完全控制了牠們的性功能，甚至型塑了 155 個別蜜蜂的性角色，這絕不是巧合而已。女王蜂可以依照自己的意志，單純地僅靠決定讓這些卵受精、那些卵不受精，來生產雄蜂和雌蜂。更不可思議的是，蜜蜂可以僅透過飲食限制讓自己成為無性的雌蜂（工蜂）忙碌於採花蜜以養育後代（譯註：女王蜂會選擇體力最強的雄蜂與之交配，並吸取雄蜂的儲精囊，而得以終生產卵。其中沒有受精的卵會孵化成雄蜂，而受精卵則孵化為雌蜂。雌蜂如果

持續食用蜂王漿會成長為新的蜂后，未持續食用蜂王漿的雌蜂長大後就是採花蜜的工蜂）。

螞蟻的行為亦類似。蜜蜂和螞蟻在性功能上有著驚人的控制能力，而自由生活的動物則極受性欲所驅使，以維持其物種的續存。對於蜜蜂和螞蟻來說，蜂窩和蟻穴的利益似乎比單一個體的生存更重要。同樣地，人類群體的形成也深刻影響著個體的功能。

社會是為了抵禦自然的壓倒性力量而發展起來的，社會的形成使得人們就個人內在和外在兩方面而言，能在某個程度上不受自然力量的影響。群體保護他免受外來威脅。群體的存在也激發了他的理性力量，進行計畫與發揮創造力，使他能夠處理社會互動的複雜性。然而，擺脫被大自然奴役，獲得普世性自由，並沒有給人任何安全感。這種不安全感，部分是因為人還沒能力了解到自己仍擁有強大的生物力量可以自由運用。其實我們已經成為主宰了，卻仍然堅信自己是奴隸。事實上，最阻礙我們生命中安全感的，不是大自然的危險，而是我們無法控制的人為之社會力量。雖然這令人難以置信，社會問題已經有這麼久的歷史了，人們仍然以社會進行實驗。這個令人費解又似是而非的現象怎麼解釋呢？人類還是沒有充足的時間去適應社會嗎？當佛洛伊德聲稱社會生活違反人性時，他也許是對的，因為社會總是拒絕滿足人們內心深處的渴望與「需求」。

社會本身不是人的敵人，然而，**現今的**社會卻不符合人的社會需求。人們最大的渴望，是在群體中找到一個安全的位置，而這渴望已然遭受社會系統的阻撓，威脅著每個人的狀態與社會位置。一個穩定的社會關係只能建立在社會平等的關係基礎上，而若仍心存懷疑，那麼同時也就阻止自己去體驗平等了。

正如生物性自卑剝奪了人類對生命的認同，社會性自卑同樣也妨礙了人以自尊與自重（dignity and self-respect）參與社會。人的歸屬感本身能夠提供內在的安全感，而自卑則會剝奪歸屬感。

人的宇宙性自卑

從靈長類進化為**智人**的過程中，隨著智力的增長，人類意識到宇宙的浩瀚和自己相對的渺小。這是另一個讓人類感到自卑的新理由。時間和空間更加摧殘現實生活，使個人生命更顯得微不足道，個人只不過是一個可以被忽略的個體。對於龐大宇宙的知覺，壓迫著人類，使人們感受到深深的無奈、無用與無價值。但是，再次強調，自卑感獨具的動力——奮力尋求補償，便開始運作。人類開始尋找自己屬靈的生存——為了死後的生命，尋找不朽。哲學、藝術和宗教，便是源於人類宇宙性自卑下企求補償的渴望。

人類試圖與超越人類的某種力量建立聯盟，想要解讀永恆法則的密碼，了解深奧的超自然之形上學（metaphysical）原則。在人類的哲學中，他讓智能與任何統治宇宙的某種力量相配合；在人類的藝術中，他使自己成為創造者；在人類的宗教中，他創造了神靈，好與祂們談判協商。

人類還有另一個企圖，想要與宇宙建立約定，於是建立了一個新的神——科學——為困惑不解的奧祕問題提供合理的方案。經驗科學（empirical science）承諾要把秩序帶入生活的混亂中。確實，迄今為止，科學某部分履行了它的承諾，但是也沒有給人類提供任何永久的答案和解決辦法，然而卻無損科學方法的價值，這實則有助於我們理解，所有真理都是相對的。

總而言之，這是民主演化的必然挑戰：人們必須在宇宙中重新考慮自己的位置。儘管人亦有自己的局限性，但是人不再需要覺得自己多麼渺小與微不足道，不論他在何處，他身為生物性的、社會性的以及心靈性的存在，必有一個確定的所在來安置自己。傳統的思維和情感仍然阻礙了人們實現自我的優勢、價值和意義。人類周圍的社會變化以及科學所展現的新觀點之影響，遲遲未能受到人類的感知。要用與過去不同的方法來看待生命與自我，這真是一件不容易的事，尤其

157

我們都對過去的方法習以為常了。我們已宣稱想要成為內在自由的人，那麼在長成的路上，我們需要學習的還很多。

人與自然

大多數人享有高度的生物性安全感，但仍有許多人生活在恐懼之中——恐懼 158 生活，恐懼命運。為什麼這種恐懼會持續威脅人類呢？進一步檢核人類的生物角色，顯示人類的自卑感持續且強烈地影響著歷史和演化進程，這乃是心理性推理出來的，沒有生物上的理由（psychological, not biological, reasons）。

生命的意義

我們都假定每個人在生命中「面對遭逢」（confront）所有的輝煌，彷彿生命外在於我們。我們敬畏地站在雪皚山頂、瀑布、日落、森林大火、雷電風暴、北極光的神祕與浩瀚之前，在巨大的自然現象之前，我們感到渺小而內縮。在我們的敬畏下，幾乎不會想到所有這些莊嚴雄偉的現象——神祕且不可思議的完美和力量——是在我們的掌握之中。我們自己身上也有相同的力量，在我們體內，特別是在心智上。生命在人類身上找到最高境界和最高度開發的表現。**大自然的莊嚴、美麗和創造力，都在我們每個人自身之內。**

這如何不教人驚訝，我們竟然未察覺到自己究竟是什麼？任何忽視去評估資源、總強調自己不足的人，不可避免地會覺得自己渺小且一無是處，在這世界掌

控一切的優越中，人的孤立感油然而生。我們讓生命變得遙遠而優越，甚至於充滿敵意，忘記了其實我們要以自然與生命來認識自己的獨特性，要因這深切的團結和永恆的歸屬而感到歡喜。

這個錯誤很危險；因為我們的態度——不管它是什麼——是個強大的動機推力（motivating force）。可憐又錯誤的態度將危及生命的平靜，最終會危及自己的平靜。不信任生命的人必然也不信任自己。沒有意識到自己內在強大力量的人，總在外部或內部的敵對勢力面前感到威脅和無助。由於每個人對自己的心智和身體都施以強大全面的影響，因此失敗或悲觀必然也危及他的生活——甚至健康。欠缺自我信任加上膽怯，終將給生活帶來新的困難、危險和不良適應。相反地，如果完全了解我們的天賦和優勢，可使我們充分有效地運用它們。

死亡的意義

如果錯把生命想成威脅，那麼也會經常如此錯認死亡。死亡總被視為黑暗且醜陋的邪惡力量，與生命**相反**。然而，這可能是最大的錯誤。死亡不是生命的相反，而是生命的**先決條件**。無死，便無生。生命是成長、更新、創造、快樂、生成和增殖的過程。如果沒有死亡，這一切都不會發生。若萬物皆永恆存在，那就不會有任何改變；於是，沒有成長，也沒有進展。一個存在的消失乃是讓位給一個新的存在。

恐懼死亡的背後有著文化上和個人的原因。在一些文化中，死亡象徵人的渺小和虛弱，證明人類其實微不足道。受到如此可怕的暗示下，人們不接受並逃離死亡，造成自我蒙蔽，最終無法認識死亡的真實特性。然而，只要有正確的觀點，人們就可以感覺到自己在地球上有一個安全的所在，願意承認死亡確實帶給人限制，亦不曾忽視人的重要和意義。

對死亡的恐懼同時也意味著反抗。為了證成我們的反抗，合理化的想法是：死亡是「不公平的」。然而，對誰不公平？誠然，死亡是一件艱苦困難之事，但不是對死者而言，而是對存活者來說艱辛。沒有人想失去他所愛的人；因此，倖存者感到被剝奪和憤恨。他哀悼死者；實際上，他是為自己的困境感到悲悽。他感覺上當受騙，視死者如同他的財產所有權物。而當他對死者的命運痛惜時，實際上是在為自己的命運惋惜，有時甚至到了想與他摯愛的死者一同歸去的地步。倖存者對死者的依戀與同盟，使得他縮小了自己對其他仍活著的人應有的責任。對「命運」的反抗，源自內心不願意接受人生就是這樣。

　　也有人對死亡深感恐懼。這樣的人通常關心自己的控制力，因此，他們害怕任何可能控制**他們**的力量。他們避免任何對自我權力的威脅，死命地打擊比他們更強大的力量，而死亡是他們唯一不能成功擊垮的力量，也是最終無法逃脫的力量。結果就是，他們害怕死亡勝過一切。諷刺的是，他們也許寧願自殺，也不願屈服於不可避免的死亡：他們試圖欺騙死亡，不讓死亡握有權力。

　　另外有些人不能忍受當他們離開後生活還會繼續下去，不想自己必須先從生命盛宴中退席，卻還有人繼續享受著。他們想要繼續生活，否則就會擔心自己可能錯過了什麼。對永生的渴望可能也是人類自覺渺小的補償，是對人生有限的自我實現。然而，相信永恆不代表恐懼死亡，因為這並沒映照出對生命的反抗。

　　更深層的意義上，死亡象徵著生命。我們對死亡的態度——不論是接受或譴責——顯現出我們對生命的態度。如果我們可以擺脫對死與生的對抗，便能意識到死亡不見得可怕，很多人都沒有痛苦地死去。當然，任何活著的人都想活下去；生命的本能就是對成長、發展和繼續的渴望；然而生命也是掙扎——痛苦和折磨——因而，死亡亦是解脫。

　　儘管人們渴望延長生命至極限，仍然也可以接受死亡，如同接受生命歷程中也會有其他狀況發生。死亡是許多人為接受生命任務而付出的代價：他們願意為自己認為值得且重要的生活而不惜冒死。他們的行動已經證明，對他們來說，死

亡只是生命的一部分。

我們所謂的衝動

我們實際的經驗常常使我們更容易威懾於人類的生物性自卑。大自然賦予我們的驅力和衝動（drive and urge）似乎迫使我們藐視自己嘗試要控制的努力。舉例來說，沒有其他事物如同「性」那樣，會讓我們感受到如此強大的內在力量。大自然賦予所有生物飢餓和性的驅力；前者是為了個體的留存，而後者是物種的留存。

但是，一旦我們下定決心，就可以抵制飢餓的力量，自願絕食，這並不罕見；囚犯、政治理想者甚至小孩子，都會用此來表達反抗且對他人施壓。絕食幾天之後，想吃的欲望甚至會停止。在這個意義上，我們可以擺脫來自內在大自然力量的宰制。

縱使很少人覺察到這一事實，但這樣的解放，在性方面也是相同的；完全無性的生活是有可能的。然而，人類抵禦飢餓的能力更容易在文化中被承認，遠勝過對性的棄絕，這個假定尤其在近年更因佛洛伊德的理論而被強化。

我們假定人們無法控制自己生理的性欲望，實際上就是深層的生物自卑感所致。性衝動被視為人類的動物天性，與人類的社會需求相衝突。然而這樣的假定沒有考慮到人的自然本質。人類的性功能與其他哺乳動物的性功能在根本上並不相同，反倒與群體生活的猿與猴、馴養動物以及被囚禁的動物類似。不同於野蠻的祖先，男性往往遵循人類的模式，就像蜜蜂一樣，社會生活的影響在人類的性行為中顯而易見，社會生活意味著我們在生物性驅力之下，依然有相當大程度的自由。

自然地，交配、生殖、感官刺激和滿足等的生理機制，在人類和動物間是相

162

似的，但動物受到衝動所操作與限制，人類卻不是如此。大多數野生動物的交配行為只會發生在雌性發情的有限期間內。人類，如猿和馴養動物一樣，並沒有這樣的限制。人類可以不受限於女性月經週期，可以喚起性欲並獲得滿足。人類這種自由來自日益增長的獨立性，不受腺體或生物的影響，不論是性腺成熟之前，抑或是在性腺停止發揮功能之後，都能被性激發。即使在性成熟後割除睪丸，也不影響其正常性行為的能力。

大自然的力量不僅對自由野生動物有所約束，也將性活動限制在一定的交配期，而且這類性行動大多是強迫性衝動。雄性動物如果遇到發情的雌性動物，絕不會延緩性行為。對手可能會把牠趕走，但牠絕不會自行離開。相反地，人類並不受這種強迫性衝動所控制。當他們的性欲被喚起時，可以推延或放棄，甚至可以抵抗不被喚起。他們能適應任何緊急情況，決定行為的進程，不受大自然的支配。倘若他們對性感到害怕，或對生活其他面向更感興趣，則可能會選擇獨身。 163
人們會依照旅行期間的特殊狀況、社會對一夫一妻制的要求，或是伴侶的福祉與興趣等其他考量，來調節性生活。

人與獸之間有第三個區別——目標不同。非群居性動物之性行為的唯一目的就是雌雄交配，然而，人類的目標有各種可能。性欲可以針對異性、同性、自己、有生命的物體或無生命物體。人類的性行為有著多元面貌形式，個體的渴望可由他所渴望的任何客體來滿足。人類自身就是決定的力量，而非由體內的自然設定來決定。

或有人以為我們在性衝動的擺盪中無能為力，這是一種錯覺，這樣的錯覺也促成逃避的藉口。如果我們將性視為我們的主宰時，就放棄了自己的力量，逃避了得為自我行為所負的全部責任。

那些認為性衝動宰制人類的人，同樣也會把性驅力與社會需求間的衝突視為理所當然。然而**這種衝突並不存在**，任何允許自己的性需求導致違反或忽略社會需求的人，也會在其他方面展現出反社會的態度。無視或反抗社會義務者，往往

也會使用「性」做為誘餌和工具。並非是令人懊惱和不受控的性衝動造成了這類社會反抗；這其實是人格整體結構的一部分。人類有性衝動需求的粉飾說法，通常掩蓋了真正的議題。性，乃在輔助社會意圖（social intention）。

科學革命

第 10 章

在這瞬息萬變的時代，科學也無法避免地動亂著。1927 年的「哥本哈根協 164
議」（The Copenhagen Agreement）標誌著新科學時代已然來臨，結束了開普
勒、牛頓和伽利略的時代，開啟理論物理學上以及所有科學領域的新視角，引領
出新思維和解決問題的路徑（譯註：學術界通常稱此為 Copenhagen
interpretation of quantum mechanics，量子力學之哥本哈根學派的詮釋，亦即採用
測不準原理界定之。當其時，以波爾、海森堡為代表的一群科學家位於哥本哈
根）。不幸的是，這些革命性的變化就連一般的大學畢業生都未必了解，除非他
學過物理學和化學。然而，理論物理學和社會關係在新方向的改變上有一個共同
點：絕對性已不復存在。

事實的相對性

直至上個世紀，宇宙被推定為主要是由無生命和有生命的物體，也就是由物
質所組成；而今天，宇宙被看作是由能量所構成，在某些情況下，它是以物質的
形式出現。此發現的根本意義在於我們並不能了解事物的真相，只能就事物看起
來像什麼來加以理解。

愛因斯坦的相對論（Theory of Relativity）徹底革新了我們的想法。絕對性失去其做為真理試金石的地位。真相是相對的，取決於觀察者，所謂真實，只從他的觀點來看才合理。在絕對系統中相互獨立的衝突論述，現在來看是正確的。愛因斯坦的相對論藉由破除時空的客觀性引入革命性的科學思維，是以，引力相對論（Gravitational Theory of Relativity）也同樣破除我們在現實中以為地心引力乃是一種「力」的信念，造成相當大的革命。

科學研究必須在其自然的限制下進行。維爾納・海森堡的「測不準原理」建立於 1927 年，確立了人類科學觀察中不可避免的不準確性。海森堡證明，我們不可能如自己所希望的那樣，同時精準定出一個粒子（例如一個電子）的位置**與**速度。我們可以盡量根據**必要性**，精確定位其中一個要素，但只要這個要素的精確度要求愈高，就愈不可能準確估算另一個要素。由於通常所涉及數量都很微小，「測不準原理」在我們的日常經驗中並無太大意義，但是它在原子實驗和哲學啟示上非常重要。

知識雖然不是絕對與完整，但仍值得信賴。**有限性不是缺陷，而是現實的面貌**（aspect of reality）。十八世紀的拉普拉斯（Laplace）夢想著無所不知（omniscience），這可能性已經永遠被打散了。[26] 這也不表示神祕主義這個前科學時代的模糊特性回來了。知識的有限性，在**科學上**已然建立，「測不準原理」並非科學的破產宣言，亦非無知的專業。我們認識到人類所能獲得的知識有其局限性，但並不會使我們在知識中感到較不安全。相反地，它強化了我們的新想法，更加了解什麼是知識。

---

26 拉普拉斯假定，如果有人知道宇宙中過去任何時間所發生的任何事，那麼他就可以預測未來將發生的事情，但必須有絕對的因果關係存在於所有發生的事情間，才有這個可能性。

因果論或非決定論

在這世界的新觀點中，機械決定論不再被認為是絕對的，也非涵蓋一切、包羅萬象。科學知識體系過去奠基於笛卡兒的因果原則（Cartesian Principle），現在已然需要重新再考慮，這對科學家和受過教育的民眾來說確實是一項相當艱鉅的任務。科學方法的目的一向在於探索大自然的力量，解釋所有可觀察到的事件，好將科學思想與神祕力量區分出來。過去，神祕力量總將事件歸因於惡魔的影響或是無法驗證的神靈或邪靈。過去的科學家無法接受神祕主義的「解釋」，直到今日也不行。早先的科學家透過觀察，尋找且想去證明是何種力量造成這些現象。因果關係乃為決定論：在其他條件都相同的情況下，一個原因總是會造成相同的結果。「原因」有著清楚的定義，絕對、不容置疑而且確定。就這個意義來說，因果原則是威權社會的特性，支持絕對的、機械型態的思維模式；我們可以想像，其中並沒有選擇的自由。

傳統科學方法的精髓在於結果的產生源自於某個原因。但是今天，生命和宇宙的機械論概念正在慢慢消亡中。「統計概率」取代了因果原理。現代物理學家觀察到，當他朝向一個方向發射電子時，總會發生事先無法預測到的偏離，也沒有清楚的原因。儘管如此，大部分電子依然會如預期的擊中目標，雖沒有必然的確定性，但統計上機率很高。所以，預測大規模現象是可能的，但是無法準確預測**個別**粒子的進程。舉例來說，無人能解釋為什麼原子中的電子會突然改變它們在原子核周圍的軌道，除了負責解釋大量現象的一般性「原因」之外，似乎還有一個影響結果的因素。

關於此一現象的哲學性爭議，物理學家們仍在激烈辯論著。有些物理學家傾向討論能量的心理素質，其他人則反對這樣的假定。但有一點是肯定的：機率也是自然過程的一部分。

166

從機械—決定思維傳統中訓練出來的那些人，可能會覺得難以接受甚至理解這個新概念。舉個例子，從我們的經驗來看，任何一個城市的自殺人數可以準確地預測下一年度的自殺人數。某些因素會「決定」這個數據。自殺率隨著糧食價格而上升，而在革命、戰爭和國家大災難時期，自殺率會下降。我們可以說，社會經濟因素「促使」特定族群自殺率的增加或減少。縱使我們能夠推測這些數字，但仍無法預測任何一個特定的人明年是否自殺。不論我們對大多數人的預測有多準確，也無法保證在個別案例身上會發生什麼事。

於是，我們面臨一個新的動態過程：最小單位的「自由」——無論是對電子還是個人。阿德勒的非決定性假定（indeterministic assumption），即個體有選擇自己目標的自由，讓當時的科學家們緊皺眉頭無法贊成，而現在已經從最可靠的科學（物理學）領域中找到研究的支持。[27] 研究也證實了阿德勒的另一個基本假定，即人的創造能力與人的整體性密切相關。阿德勒將自己的思想學派稱為「個體心理學」（Individual Psychology），以表明在其理論基礎上認定人是一個整體：在這個意義上，「個體」（individual）一詞乃指某個東西無法被切割成好幾個部分，亦即「不可分割」。

雖然整體性人格（wholeness of the personality）的理論被廣泛接受，但仍不好
理解。整體大過各個部分的總和，在科學上已對此做出澄清，提供新的見解，解釋人具有決定自己行為的自由。基於此，值得我們更詳細描述司默茲（G. S. Smuts）的理論，其理論認同整體的新動力（new dynamics in the whole）。[28]

---

27 請參考目的論取向的機械主義，the pamphlet on "Teleological Mechanisms" (New York: New York Academy of Science, 1948)。

28 見司默茲的《整體性與演化》（*Holism and Evolution*. New York: Macmillan, 1926）。希臘字 Halos 代表整體。科學研究已經在整體重要性的理解上探究很久了。完形心理學強調存在的整體性（也就是 Gestalt）大於部分的總和。

整體論

整體論（theory of holism）使得「整體」的存在成為世界的基本特徵。它把有生命和無生命的自然實體視為整體，而不僅僅是元素和小部分的集合體。因為整體遠遠超過各部分的總和，如果僅只是把各部分機械式地組合起來，並不會產生全部的整體，亦無法說明整體的特性或行為。所謂的部分，實際上並不真實，通常是抽象和人為的區別；而部分往往也沒有恰當地或充分地顯示到底是什麼塑造了這個整體的形成。

過去，科學方法一向基於對不變的元素或部分所構成的物體進行分析，以所得到的總和，解釋物體或有機體的行為。在這樣的基模下，物質結構決定著生物體的功能，甚至心智（mind）也是由物理機制和過程所決定。有別於正統科學基模，整體論指出了兩個重大的分歧。首先，整體論認為物質（matter）、生命和心智不是由固定的、恆常的、不變的因素所組成；其次，整體是一個主動的因素（active factor），比它的部分或元素更為重要。整體本身有創意，過去幾乎沒 169 有如此認可過。司默茲為這個創造性的整體做出以下的解釋：

> 當許多部分形成一個整體時，所衍生出來的整體比這許多部分加起來還多。在整體形成的時刻，「多」產生於「少」。**整體的生成使得宇宙具有創造性。**

在地球的歷史進程中，生命形式已從最簡單、最低級的有機體發展到今天高度組織化的形式，最終形成了人的個性。舊有觀點認為，演化主要是將已流傳下來的舊形式加以展開。這其中並沒有創造的概念；因為，假設我們認為所產生的結果不能超過起因，那麼自然沒有創造性進步的空間。然而，地質學、古生物學

和胚胎學的發現似乎顯示，舊有形式**的確**會產生出真正的新形式，這種新形式無法退回成舊形式，也不能單獨由靠著舊形式來理解或解釋。新物種和新種族透過突變形成全新的有機體。這些發展是大自然的創造性行動，某些持有機械論點的遺傳學家希望把這歸因於宇宙輻射（cosmic ray）或其他類似但尚未被認識到的某種「力量」。

對創造性進化（creative evolution）的認可揭示了傳統的「因果」概念過於抽象和狹隘；結果，有時確實會超越起因。單純的機械因果關係也許只是一種虛構，是**等同的**（equative）關係，但是整體性的因果關係是實際的過程，是**創造性的**（creative），說明了自然界實際的進步。

整體的概念解決了大自然中自由論與決定論的古老爭議。因果概念將因與果等同視之，從而使原因完全決定了結果。如果這個因果概念不正確，那麼，**必然**的概念就必須被放棄。如果在整體的形成中存在一個不被決定、有創造力的元素，且不歸屬於也不與因果元素相互勾結，那麼就有了**非決定性和自由**（indetermination and freedom）的存在。創意元素可能無限小，實際上在物理因果中可以忽略不計，因為物理性的因果關係中，相對而言大部分現象都相當固定；但是在生物事件中，創造力就顯得更重要且可觀，心智歷程的彈性更是如此。我們皆認可**自由是大自然界中傳承下來的**，自由的「量」隨著演化而增加，直到在人的層面上，自由達到相當的維度而做為道德責任的基礎。在這個方向下，我們認可自由是宇宙的性質（quality of the universe），而不僅只是人類意志的特質（attribute of human will）。

舊有的自由意志問題因而出現了新曙光。完全依靠決定論原則運作的科學家否定自由意志，反對那些堅信自由意志的神學家們。後者聲稱，人與其他的存在物根本上就不同，因為他是以上帝的形象創造的。只有人類具有善惡的知識，只有人類有自由做選擇，這是自由意志的禮物。今天，自主決定（self-determination）不僅是人類的特殊性質（special quality），而且是宇宙的原則

（universal principle）。無論是哪個單位被視為一個整體來發揮作用，我們都能找到一些與因果決定力量無關的獨立性。唯有當大量數據現身時，我們會提及決定論；然後效果的統計機率給予人們因果決定的印象。

實在本體即是交互作用

由於科學研究的努力，我們更了解自然力量，也意識到在任何可觀察的事件中，很少有單一力量可以成功運作的例子。我們知道電流必須通過電線來點亮燈。這是**一個**很好的因果關係例子：因，乃是正極和負極之間的電位能差異；而 171 果，就是產生電流。今天我們了解到由於大量的能量交換而產生電流，不是發生在連接的電線**裡面**而是在連接的電線**周圍**。電線**周圍**的電場（field）負責電能的傳輸；電場也可禁止能量的流動，甚至逆轉它。換句話說，一個事件唯有在人們看到發生時的**整體狀況**下，才能夠被了解，那麼科學研究就必須是多維的。

事情不再像以前那麼簡單了。交互作用是常態，沒有孤立的事件。因果並非永遠確定，真相與虛假其實是相對於情境，視情境而定，一切都在變化之中；沒有什麼是絕對確定的（definite）。如希臘哲學家赫拉克利特（Heraclitus）所言，我們可以說：「萬物皆處於不斷變動之中。」

各式不同的科學調查鞏固了事實相對性此一觀點。科士其（Korszybsky）的**一般語義學**（General Semantics）指出新的科學靈活性，與亞里士多德邏輯學說（Aristotelian doctrines of logic）的嚴格形式相反。在日常生活中使用的詞彙通常有許多層意義，這現象也啟發了人們相信在客觀與準確的領域中，另有一種未被承認的主體性（subjectivity）。我們使用相同的字句，卻未必在描述相同的事物。**一般語義學**強調這種假定的不完善性（faultiness of such an assumption）。過去的確定論已經不在我們身邊了。我們再也不能把事情視為理所當然，而必須在

各個方面，在整體情境下，從各個可能的角度和層面來看待事情。

變化，會朝著我們思考和看待事情的方向持續發展下去，此點不應再被輕忽。許多人面對事情變化時，可能會產生不安和恐懼。即使在科學家之間，我們發現確實有人反對「測不準」這個普遍原則的假定，也反對「是與非是相對的關係」，因他們相信在某些情況下，邏輯衝突與之無關。許多人想保持現狀；他們想要保有安全，害怕變化。他們想以簡單明瞭不會出錯的方式清楚自己所站的位置與立場。科學不再提供這樣的安全保證；而是相反地，破壞這個珍貴的假定，促發不斷再複查與再定位。

但是，持續性的變化必然會產生不安全嗎？**絕對的**價值觀是必走的方向嗎？只有黑與白的善惡圖像才是正確行為的指標嗎？不諳水性的人如果發現自己在深水中，絕對會對接下來的景況感到非常驚慌，然而一旦他們學會游泳，他們便能自由且安全地在新領域中游動。**安全來自於內在自身。安全的唯一基礎是了解自己的長處**，以自己的能力面對應付可能發生的事情。如此一來，人們便可以勇敢地面對生活中的一切狀況，無論發生何事，亦會大步前行，盡其所能。

今天我們更勝以往，需要勇敢的態度。教條式權威所提出的舊路標正在搖搖欲墜，人必須學會依靠自己與環境的互動。他必須發現自己的長處和力量（power）。隨著世界的圖像在變化，我們對人類的觀念也發生變化。人類是宇宙的一部分，世界圍繞著他，充滿困惑、矛盾、欺瞞，亦滿布不可預測的創造力。

人與社會

第 11 章

我們習慣將每個事件視為一個特定原因或一系列原因的結果。同樣地，人看 173
起來也像是他所居住之社會的產物。按理說，社會影響力只能由諸如君王、政治
領袖和將軍等這類控制群眾的人來行使，所有其他社會影響幾乎微不足道。這種
概念適合威權社會，一般民眾劣等、沒有智慧和欠缺感應。唯有君王和統治者才
能知道什麼對人民有益，因為只有他們蒙受祝福，得到神聖上天賜予的智慧。從
這個角度來看，社會適應僅僅表示遵守和順從。

個人的影響力量

宇宙的新觀念以及人的自然本質為何，這兩個想法同時發生絕非偶然，這些
新觀念將對我們的社會結構產生深遠影響。人們發現了分子原子內部的核能，同
時也窺見了每個人內在的本質力量。這些在科學和社會領域裡都是革命性的改
變，都開關了新觀點。誰會料想到這個小小的原子能產生如此巨大的力量？縱使
我們毫不猶豫地接受這個物理科學的新發現，卻仍然很慢才認識到每個人的力量
和影響。我們很難看見每個人都擁有強大的力量（strength），因為長久以來我
們總懷抱一個假定，認定自己並不重要。

然而，現在該是理解的時候了，我們了解到自己受環境社會條件的影響，同時也反過來影響社會環境，彼此不斷互動。我們的思想和行動不僅影響周圍的人們，還透過周圍的人們繼續影響成千上萬的其他人。這是民主社會中人必須學習的第一課，要能意識到自身的重要性和力量。

　　在社群中不被看重的「小人物」，其影響力在電影中被戲劇化。電影《風雲人物》（It's a Wonderful Life，譯註：1949 年由法蘭克・卡普拉〔Frank Russell Capra〕導演的美國電影），講述一個「無足輕重」的市井小民故事，他因為父親過世，必須接手父親留下的小家庭商店，而無法求學深造。相反地，他將弟弟送進了學校。他努力工作謀生，後來因遭到「陷害」，試圖自殺，此時上帝派了一位天使來救他，天使向他顯示，如果沒有他，社區會變得如何；他從沒意識到自己對整個社區的影響有如此之大。然而他一直以來生活上的作為，正如你、我正在做的，也如同其他人都會做的事，那樣的一般。除非是童話故事，我們永遠看不到努力之下的影響全貌。

　　如果我們也有記錄天使的幫助，可能會驚訝於我們所造成的影響。因為我們所做的看來似乎微不足道，難以想像我們的行為會對周圍的人產生何種程度的影響。一句不經意的話語就可能改變一個人的生命方向；繼而透過他和他所做的事，讓其他人也受到影響。藉由表達我們的想法、信仰和觀點，我們改變了周圍的世界。

　　日常生活是由我們身處在內的社會氛圍、習俗和價值觀塑造而成。與此同時，我們處理問題的方式也影響著社會狀況和習慣。我們會推出新的標準，抑或堅守舊的標準；我們強化某些社會價值，削弱其他價值觀。我們與家人的關係絕不只是個人私事，無論我們體罰孩子還是避免體罰，都會影響他們的朋友，也會延伸影響到孩子的朋友及其父母的關係。家庭氣氛具有感染力。我們的工作態度在整個組織上留下印記，會促進或破壞士氣和效率。

　　群體動力學（group dynamics）的新發現指出，任何一個群體的組織和結構

都不僅受到領導者的影響，同時也受到其每一個成員的影響，一旦領導者失去追隨者，他的權力便會終止。在民主氛圍中，任何想要支配團體的努力通常都是短暫的，因為每一位小人物都重要，領導者必須依靠他們的支持。

社會並非**強加**在個人身上，而是由許多個人所**組成**。我們往往忘記這一點，因為我們低估了自己的社會重要性（social significance）。如同對待生命的態度一樣，我們對社會抱持著相同的錯誤態度：我們把生命與社會視為**身外**之物，然而實際上生命和社會都體現在我們身上，我們**就是**生命和社會。我們認為鄰居可以影響我們的生活，無論好壞，但我們也是鄰居的鄰居。我們彼此相互依存；我們每個人都在影響別人，也都受別人影響。

「適應」是什麼？

個人與社會的互動使得社會適應議題成為一個新亮點。如果不了解這種互動影響，我們會認為社會適應簡單且定義明確，包括內在欲求和配合能力、按照團體的要求行事、接受並服從現有的社會律法和習俗。在專制社會裡，每個人因其出生背景而有自己所屬的定位，在明確的場域內以明確的方式運作，因為所有關於正確行為的道德、價值觀和規則，皆從一代一代傳到他身上。但在移動的民主社會中，每個人的運作方式與定位是可以改變的。每個人都可以在社會階層上下移動，都可以進入不同價值與習俗的社會團體中。每個團體都可以在文化的總體架構內決定自己的傳統慣例和價值體系；因此，我們發現每個人在社會可及之範圍內都有廣泛不同的價值觀，他可以選擇自己的宗教、政治和社會連結。遵從一個團體的基本規則並不表示也必須服從另一個領域的規約。一個孩子可能在家裡完全順從且看似適應良好，卻難以服從學校規定或同儕約定。一位工人在工作中或許調適得非常好，但工會同事卻可能把他界定為對工會不忠誠。**社會適應與服**

176

從，完全是兩回事，再也不是同一件事情了。

　　還有另一個因素使民主社會的適應問題變得更為複雜。在靜態的獨裁社會中，改變發生得很緩慢，價值觀、傳統、習俗只能逐步漸次地發生改變。在這樣的環境中，個人很少有機會積極參與變革，除非他剛好正在經歷危機和突然大變化的時刻裡，或者隸屬於一個正在刺激該變化的團體，否則他的生命已然鑲嵌在固定的型態中了。對照之下，我們的文化時代具有快速且深遠變化的特性。今天的個人不僅有機會參與，還要有責任主動積極參與塑造他周圍的世界。他對社會的義務包括對社會進步有所貢獻，同時對現有的價值和慣例抱持著可能的反對。個體生活在兩個層次上：活在社群內，遵從其既定的標準和價值觀；活在人群中，朝向新的習俗與價值觀之演變前行。

　　我們如何能同時適應兩個如此相異、來自不同層次的需求呢？是否可能只適應一層而放棄另一層？順應現有的規則和慣例，我們很容易成為變革和進步的障礙。另一方面，真誠關心改進和進步的需要，可能會違反現有的慣例，結果便顯
177　得適應不良。要決定誰是那個在群體中步伐不一致的人，取決於社會演化的方向和觀察者的觀點。倘若反抗失敗了，他就是罪犯；如果成功了，他就成為英雄。

　　我們既處於現狀的壓力下，同時也在改變和前進的需要下，於危險的平衡狀態中運作。這些矛盾的社會訴求雖然困難，但令人滿意的解決辦法卻並非不可能。在理想、利益和目的的普遍混亂中，有兩個考慮方向值得我們參考。首先，我們需要對社會演化的趨勢有清楚的洞察力，才能知道哪些偏離現狀的走向是必要和可取的。其次，我們需要對社會參與及整合的基本條件有所認識，才能在與人交往中一方面滿足這些基本條件，同時不冒著引發過度對抗的風險，另一方面邁向實踐自我理想的進程中。相反地，我們與他人合作的能力增加了促進改善的機會，如此，我們便能整合所屬團體的需求，以及未來想要建立的社群。

社會演化的方向

我們見證的社會改變往往來自科技的進步。是的，科學正在持續迅速地改變我們的世界。每發展出一個新的交通工具時，地球也跟著縮小一些；家庭生活的複雜度，也隨著每一種新的電子產品（如電視機）、冷凍食品、家用機械輔助器具的推出而更饒富變化；醫學進步帶動老年人口比例上升，嬰兒死亡率下降，社群也受到影響。但是，這些改變如果與社會秩序加速發展的變化相比，物質所構成的變化便顯得渺小了。男女之間日益平等，勞工的權力升高，少數族群的社會籲求，以及國際相互依存的敏銳覺察，正在一個世代之內改變我們的世界。 178

在進化上的雙重考量（科學技術面與社會秩序面），應使我們不要過度強調物質的進步。物質層面確實很重要，也不容忽視，然而更優質的學校、更好的教育和娛樂設施、心理衛生和疾病預防、文化方案、公民素質的提升等等，無論是社區的美感改善還是有效的管理，都需要我們更加注意；因為所有這些改善都反映了我們對於一般市民的關懷，也包括對市民尊嚴以及享有快樂和充實生活的權利。但是就更根本的演化而言，這些只是組成膚淺的表象。專注於生活中的日常必需不應該阻撓我們為時代更基本的需求而思考，那即是：幫助自己和他人，**成為更好的人類**。

人類所實現的夢想，促使了許多社會演化。哲學家、宗教開創者和政治運動領導者，投身致力於界定這些目標，並規劃實踐的路徑。沒有這些夢想的實現，我們今天就不會有民主。渴望和理想是強大的社會力量。歸屬於一個社群，不僅僅是加入一個教會或參與社會活動而已，它還有其義務，得去思考這個社群的屬性應該為何，去思考我們不只在物質上、制度發展上，還要在精神上、在我們所建立的關係上彼此互助。任何關心社會演化意義的人，都會成為自由、權利、公義、平等以及所有等著實現的這些夢想背後，一股強大的力量。

　當然，每個人對達到和平、和諧、充實生活的方式都有不同的看法。過去，一切可以想到的方法，包括暴力和戰爭，都是將理想強加在他人身上。而現在，演化方向變得愈來愈明確，它可做為評估理想和努力的評量尺度，**人性的理想是社會平等**（The ideal of humanity is social equality.）。

　　如果認識到平等關係是和諧穩定社會生活的唯一基礎，就能夠評估任何旨在促成進步的步驟。凡是能夠促進社會平等的，都值得我們支持。我們必須抵抗那些害怕變革者所形成的壓力，部分是因為他們不知道未來有什麼可期待，部分是因為他們乃是現況中的既得利益者與特權者。

　　我們的社會態度——我們的人性觀念——均透過行動來表達。是否相信人的尊嚴，決定了我們與孩子、與異性、與朋友和鄰居、與長輩上司和晚輩下屬的互動。除非我們掌握了社會平等的意義，否則就無法在我們的家庭、社區或工作中建立工作關係。在社群中促進社會平等，是我們這個時代最重要的任務。

社會參與的原則

　　為了實現我們的目標，如我們所了解的，首先必須確保我們的地位是平等的。對此懷疑將會阻礙我們平等對待別人。

　　我們的價值只取決於別人對我們的看法嗎？取決於如何衡量我們擁有多少錢嗎？不。儘管周遭的人都有相同想法，行為相仿，但我們仍要堅信這樣的假定是
誤導。**僅僅是存在於世，每個人就已經有了一個位置。**無論別人如何對待我們，我們都是全體社群的一部分。**無論人在哪裡，他都擁有一個部分；**他有其位置，有其權利和義務。或許會有其他人試圖否認他在這裡的權利，甚至可能試圖讓他覺得自己不被接受、不屬於社會的一分子。但是這種交互作用，無論多麼不愉快和具有敵意，也是在證明我們每個人都在社群中扮演一定的角色。只要我們不屈

服於別人想盡辦法要讓我們感到次等，只要我們有足夠的勇氣來為自己的權利挺身而出，就可以抵消任何剝奪我們地位的力量。懷抱勇氣，我們不僅是在促進自己的福祉，也在幫助社群達到最大的利益。

我們的歸屬感不能僅取決於別人對我們的感受，因為我們不可能希望活在人人都與自己站在同一陣線的團體中。在我們現在所居住的過渡世界裡，我們無法逃避厭惡、嫉妒、蔑視、對抗和敵意。有時候，這些態度可能會被表面的善行所掩蓋；其他時候，這些惡意會公諸於世。如果讓自己依靠別人的想法，就會像風中的蘆葦一樣搖擺。只要我們自己不感到羞辱，沒有人可以羞辱我們。

要在社會環境中發揮作用，就必須認清**自己的歸屬**，否則我們無法充分參與在「施與受」的社會生活中。每個人的不足和所有破壞行為都可追溯到一個**假定**：他在這個群體中沒有任何價值。千百年來，在社會生活的條件下，人類天生具有社會互動的潛力。歸屬感對他的發展來說，比對所謂本能欲望的滿足都來得更重要。沒有其他的困難或不幸可以與失去社群位置的苦難相提並論。

這是一貫的真理（true），當平等只不過是一場空夢時，歸屬感會把個人與周圍環境緊緊綁在一起。毫無疑問，我們確實可以與其他人緊密相連，卻沒有平等的感覺。被過度保護的孩子依靠著愛他的媽媽，感覺非常安全，主觀上感受到歸屬，即使自己微小與無助，或可說正因為自己微小且無助。但今天孩子不再滿足於母親的保護，保護者的時日已然遠去。正如我們所看到的，不久之後，他將奴役他的保護者，用他的弱小來暴虐強者。**民主的社會氛圍使得平等這項假定對於歸屬的發展至為重要。**當南方的奴隸被釋放而獲得自由時，他們也就失去了農奴制的安全感。他們必須學習如何以自由人的身分生活，可是直到最近，還是有許多人比較傾向過去南方那種保護式的統治。

當今社會普遍忽視認可人人平等的需要，我們的社會氛圍是競爭的；一個人要不是感到自卑，就是奮力保護自我認定的優越感。因此，我們都活在距離和防禦的狀態下，即使在自己家裡或社群中，也是如此；尤其在城市居民之間，保持

181

社會疏離是一種規則。然而，現代世界已見識到一個戲劇性的例證，在轟炸倫敦期間（譯註：「倫敦轟炸」〔The Blitz〕是指在第二次世界大戰中，發生在 1940 年 9 月 7 日至 1941 年 5 月 10 日間，納粹德國對英國首都倫敦實施的戰略轟炸。轟炸範圍遍及英國各大城市和工業中心，但以倫敦受創最為嚴重，倫敦因此成為第二次世界大戰期間遭受轟炸最為嚴重的城市之一），這種個人防禦狀態是多麼不必要。

第二次世界大戰期間，人們生活在最艱難和悲慘的環境下，當他們早上踏出家門時，無法知道自己能否回家，或者，如果自己安然存活下來，他們的家人、朋友或親戚能否存活？那是一個人身極度不安全的時代。然而，人類的精神卻著實驚人，許多人歡欣高昂，鮮少恐懼、憂慮與怨恨。相較於即將到來的危險，更為影響人群的是原先不曾預期的社會緊密（social closeness）經驗。在防空洞裡，所有人都相似、都平等，財富、社會地位、個人技能和地位的差異皆無關緊要。這些人第一次經歷到社會的同質性，打破了圍繞在每個人和每個家庭周邊的牆。

182

當人們在緊張時聚在一起，會忘記個人和社會的差異，體驗到歸屬，這感受遠遠超過他們共有困境下的不愉快和痛苦的本質。相反地，如果社會完全融合變得不可能時，那麼敵對競爭就會遠超過真實的危險，也會創造出比任何實體艱辛更多的痛苦。**社會狀態是融合或者缺乏融合，決定了每個人的幸福或痛苦。**

因此，英國皇家醫學會心理學部門主席路易斯博士（E. O. Lewis），如此描述都市居民情緒孤立的景況和危險。

> 最能對比都市與鄉村的社會生活指標，就是凝聚力的程度。在鄉村地區，家庭聯繫強大，人民彼此之間相互認識，通常也對地方事務有濃厚的興趣。而大城鎮的社會生活就非常不同，一般倫敦人對每天見面的人的態度，可以形容成彷彿輕度的疑心病（mildly paranoidal）似的。在大城鎮裡，近鄰互助是種遺失了的美德。人們在同一棟房子裡住了三十

年以上，而仍對當地事務絲毫不感興趣。如果因為雙重的文義失誤導致謬誤與誇張可以被原諒的話，那麼我們不妨這樣形容宿舍一般的郊區住宅區，就是「一群不與社會互動的人，不成形地聚集之處」（an amorphous agglomeration of unsociables）。

城市化似乎是現代文明無法避免的必然附屬品，但是大城鎮社會生活的解體，不利於政治與文化的進步。不幸的是，電影院、無線設備以及運動賽事等這類型大眾娛樂，加劇了社會分化的趨勢，因這些群聚其實是真正社會團體的相反面。在真正的社會團體裡面，幾個男性和女性會面，就政治、地方行政、教育、音樂和文化主題進行討論和交換意見；這些討論使男性與女性理解彼此的觀點，即使沒有達成一致性，也會採取一些共同的實際行動以利實務進行。近幾十年來，大城鎮裡像這樣的群體開始衰減，引起各界社會工作人士廣泛關注。**可以毫不誇張地說，民主的未來在很大程度上取決於大城鎮中更強的社會凝聚力。**[29]

隨著社會愈來愈分化為相互對抗的群體，也前所未有地激化社群。然而，聯合行動並不多，縱使有團體聯合起來，其力量也只是為了對抗某件事或某個人。在大多數情況下，每個家庭都成為一個孤立的單位（isolated unit），也經常被家庭內部的對抗所撕裂。社群**可以**成為讓眾人討論所有歧異趨勢和對立的地方。事實上，在社會平等的基礎上，社群極具潛力，是建立相互理解與合作橋樑最有力的取徑。

183

---

29 *Proceedings of the Royal Society of Medicine,* Vol. 44, 1951, p. 117.

社會平等

　　很難相信社會平等的觀念在我們的思想中變得很陌生，而這是自相矛盾，因為身在美國的我們已經比世界上任何其他族群享有更多的平等。舉例來說，少有其他國家的女性能像男性那樣獲得平等的權利，又譬如其他國家的兒童也沒有像在美國一樣獲得一些優先權益。但是，每個人都擁有相同社會地位的這種想法，仍舊讓許多美國人感到厭惡。他們無法掌握社會平等的意義，對他們來說，這還是一個模糊甚至是完全被否定的概念。

　　也許可以透過簡單的美國歷史來解釋這個特殊情況。美國革命（American Revolution）的第一批社會分析家之一德・托克維爾（De Tocqueville）認為，「平等原則」是美國民主最突出的特色。那麼後來「社會平等」如何從美國場景中消失呢？1800 年左右的反動時期，在漢密爾頓（Hamilton）和亞當斯（Adams）的影響下，富裕的地主抵制未受教育群眾的成長權利。他們譴責「民主」一詞，寧願把美國說成是「共和國」（republic）的概念。當時，「平等」一詞被「機會平等」原則所取代，且持續了好長一段時間。

　　傑佛遜（Jefferson）在建構〈獨立宣言〉時被強迫要放入的改變，清楚證明了美國試圖要弱化平等的重要性。在原來的草案中，他不但敘明「人人生而平等」（All men are created equal.），且繼續聲明：「從誕生與創造平等的那一刻起，他們獲得了本有且不可剝奪（inherent and inalienable）的權利」，只是後來這部分被迫從草稿中刪除。我們被迫相信平等是**被創造**出來的，但自那一刻起，我們便不再平等。只有那些運用機會、發展特殊才能和技術的人才能確保自己的價值；那些不善用自己機會的人跌落一旁，鎩羽而歸。〈獨立宣言〉讓所有人都享有「一定不可剝奪」（certain inalienable）的權利：「生命、自由、追求幸福」，而關於本有的權利來自於生而平等之下，則不再被提及。「機會平等」的

表述能安撫那些依舊「相信」平等之人的良知，使他們仍能對此高談闊論，但卻對此概念絲毫不了解。

其實，平等的機會從來都不存在，機會永遠隨著不同家庭背景而異。更進一 185 步說，即使我們能夠為每個孩子提供相同的教育設施，每個公民也有相同的就業機會，機會仍然不平等。很明顯，就算是同一個家庭的孩子，也會緣於種種家庭群體動力中原有的不同因素，使他們沒有相同的機會。機會平等的概念徹頭徹尾是根本上的謬誤；它不但沒有體現，反而還否定了基本社會平等的實現。只要這種機會平等的理想被用來取代真正的人類平等，那麼真正的人類平等就會因為這個概念而誤導我們的努力，無法往前推進。

機會平等不僅是平等的一個蹩腳替代品，實際上還否定了平等。因此雷蒙·亞榮（Raymond Aron）說：

> 一個社會愈是鼓吹滿布競爭精神，就愈容忍個人之間的不平等。西方社會採取運動態度對待平等：讓所有人從同一起跑線開始，最好的人贏得勝利。[30]

約翰·沙爾（John H. Schaar）表達同樣的感受：

> 機會平等原則被廣泛讚譽為民主理想和風格的真正表現……這是對「平等之真正民主性理解」的殘酷貶抑。機會平等的原則是競爭性和分裂性社會的產物……它把市場運作的心態延伸到生活的所有領域。
>
> 機會平等這個概念似乎捍衛了平等，但實際上只是維護「可以因為

---

30 Raymond Aron, *Progress and Disillusion: The Dialectic of Modern Society* (New York: Frederick A. Praeger, Inc., 1968).

競爭而導致不平等」的平等權利。是以，機會平等的教條讓人們彼此遠離，遠勝過把人聚在一起。[31]

平等以及民主的概念雖然廣泛使用且被讚揚，卻難以理解，也難以被接受和付諸行動。在許多人看來，平等永遠不可能實現，而且違反人性；不平等反而是社會生活一部分。這個假定是有一些道理，因為人類的歷史中，充斥著各種社會不平等。

然而，為平等社會而奮鬥，表達了人類對社會和諧的渴望，這是前所未有的。民主首先從希臘開始第一次發展，也許是受到佛教的影響。民主，由人民統治，取代寡頭統治的由少數人統治，希臘斯多葛學派（Greek Stoics）說民主要求承認人的平等。誠然，希臘人並未給予所有人平等的地位：他們把平等留給男人和公民，排除婦女和奴隸。但是，例如雅典的索倫（Solon），卻限制了財富的展現來抵制優越的假定，他運用智慧調解分歧，並不對富人或窮人偏心，展現了民主領導的品質。主張平等不會滋養革命。

希臘斯多葛學派影響了羅馬斯多葛學派（Roman Stoics），將平等放入法律的應用中。第一次，平等開始實行：每個羅馬公民在法律之前一律平等。在希臘斯多葛學派的影響下，早期的基督教徒在他們的社群創造了第一個平等的社會。

但是，平等的思想傳遍了整個文化領域卻沒有延續下來。第五世紀，奧古斯丁教義中的命定主張（Augustinian doctrine of predestination）取代斯多葛—基督教（Stoic-Christian）對人的平等觀念，並引發中世紀的正統性之爭。根據中世紀的思想，世俗的不平等是事物神聖架構中的一部分，也是人類從恩典中墮落的後果，亦為上帝所應許。羅馬和拜占庭文化被野蠻之邦所摧毀，短暫的民主時代退

---

31 John H. Schaar, "Equality of Opportunity and Beyond," in *Equality*, J. R. Pennock and J. W. Chapman, eds. (New York: Atherton Press, 1967).

位，讓給封建主義的黑暗時代。

文藝復興時期的民主潮流再次引發了法、美、俄革命，使得平等和人權更加得到重視，並在第二次世界大戰後在美國和以色列達到高峰。

我們目前的困境源於此事實：雖然我們在法律上平等，但卻無知於該如何彼此平等對待。社會平等的特質在於任何人均無須屈服於威權命令之下。但是，法律上平等的狀態卻已經加劇過去控制群體與受控群體之間的戰爭，並沒有創造更多的和諧。然而，時間無法倒流，我們必須經歷誕生新社會的陣痛。**民主所創造的弊病必能被更多的民主所治癒**。世界各地傳播的革命經常拿來與 1848 年震撼歐洲的革命相比較，當時人們爭取政治自由，今天他們爭取**參與決策制定**。

現在社會的動盪顯而易見，但很少有人認識到衝突的本質。黑人為公民權利而戰，勞工和婦女反抗鬥爭，孩童和青少年在不同世代間開戰，每個群組都認為自己的情況是特殊的。很少有人像亞榮一樣，意識到衝突的普遍性： 188

> 青少年不會拒絕聽長者的勸告，但他們卻不再聽從長者的命令。婦女要求**真正**而不是理論上的平等。正如美國黑人相信，區分與平等並不相容，所以女性不再接受勞務分配，剝奪她們全面而完整地參與專業和公民事務。她們不再願意彷彿天命般全身投入奉獻給家庭和孩子。[32]

亞榮提出這個問題：「在最後的分析中，我們得出結論，要達到平等，一直有個難以跨越的障礙，難道這障礙是社會人的本性嗎？」而他自己的答案是：「我們應當滿意地說，只要人們發現世上沒有比渴望於卓越和名聲等的勢利態度更具強力傷害時，社會秩序就會成就和平。」

但這裡我無法同意此看法。其實，知識上和道德上的勢利（intellectual and

---

32 Aron, *Progress and Disillusion*.

moral snobbism），比許多人所了解的更具傷害性，它阻礙了所有缺陷者的康復。至關重要的一點是，大多數社會科學家都無法——或者應該說是他們不願意——接受那些會威脅自己優越的事物。

約翰‧威爾森（John Wilson）提供了一個典型的例子。為了拒絕平等這個詞，威爾森完全混淆了這個問題。

> 我們眼前所面臨的，似乎是一些相互交疊糾纏的想法，它們彼此互相關聯，卻依然有些區別；其實我們仍不清楚到底「平等」這個詞通常或最有用地表達了哪些想法。像是平等、自由和民主等之類的概念，最終總是有些漏洞而站不住腳。

但是，他清楚地表明，人們多麼容易理解和接受不平等這個概念。他舉了兩性之間不平等的例子如下：

> 女性解放是一種奇怪的行徑（eccentricity），幾乎完全被定義為現代科技社會的產物。在其他地方，一般認為婦女雖然毫無疑問地比孩童、動物和家具優越，但某種目的下，她們就是應該與這些歸類在一起，而不是與男人相抗衡來進行分類。她們也許有權利吧，但男女不是平等的⋯⋯
>
> 儘管在我們的社會中，女性可說是解放了，可以投票、在法律上與男人平等、允許擁有財產、從事工作有職業生涯等等，但是大多數誠實的男人會承認女性在心理上並沒有得到解放，她們不希望被平等對待。最後逼不得已時，就是她們希望男人們——或某個特定男人——要為大家展現意志。她們希望在某些時候或場合上，能夠得到尊敬、看重、愛護和珍惜；但她們不想在決策上有同樣的發言權。很清楚地，男人也不

希望給她們一個平等的聲音。[33]

威爾森可能是對的：許多女性的行為與他所說的一樣，因為她們沒有從奴隸心態中釋放出來。但他自己同樣也是奴隸心態的受害者，他對人們，特別是對女人，毫無信心。

理查・麥肯恩（Richard McKeon）意識到，對平等的一大威脅存在於那些反駁平等觀念的人身上。

> 幾個世紀以來，我們一直在討論平等的意義，然而危險的是我們卻忘記了平等實際的意義為何。而幾個世紀以來，我們一直為獲取平等而奮鬥，並達到一定的成果，但此刻我們正面臨失去平等的危險。我們已經遺忘平等的意義，以至於知名科學家們也紛紛投入創造力和科學知識來證明人的不平等。我們已失去為平等而戰的道德動機，認為平等雖然有效，卻是個騙人的口號；或者假借時代或環境不對，無益於實施平等，因此無須有所作為。[34]

190

歐內斯特・約翰森（Ernest Johnson）反對上述的情緒性說詞：

> 如果在事實範圍內尋求平等的基礎，那麼負向答案非常明顯，以致學術探究者迄今一直堅持追求……民主的終極考驗是整體人民是否有能力去發現能力與人格（ability and character）的真正高貴處。愈往前努力

---

33 John Wilson, *Equality* (London: Hutchinson, 1966).

34 Richard McKeon, "The Practical Use of a Philosophy of Equality," in *Aspects of Human Equality*, L. Bryson et alia, eds. (New York: Harper & Row, 1957).

追求人類平等，在實際意義上就愈讓人更加失望。[35]

其他科學家也否認人類平等的可能性。例如著名的心理學家史金納（B. F. Skinner）曾經說過：

西方思想的中心傳統，珍視個人本質的尊嚴和自由。簡言之，上述狀態，在面對現代科學中的人性知識時，已不再成立……如果個人對自己的行為不負責任，則稱讚或責怪都沒有用。這種科學觀點對於受到民主哲學影響的人來說，相當反感。[36]

威廉‧薩姆納（William G. Sumner）發自內心深惡痛絕平等、機會和人權，並痛批「對平等的想望是一種迷信的渴求」。[37]

我們發現自己的困境是：需要去適應新的自由時代的來臨，而這困境並不是什麼新鮮事。在三千五百年前，摩西帶領以色列子民從埃及逃到自由之地時，也發生同樣的情況。但是，摩西和其他任何一個生活在奴隸制下的人都沒被允許可以進入這個應許之地；在沙漠中遊盪四十年之後，所有曾經是奴隸的人都相繼死去。相較之下，我們必須創造一個新的社會，儘管周圍有很多人都否認可以做到這一點。然而，我們總不能等到他們也都死去吧。

大多數美國人認為在法律之前應該平等，這是不變的公理。但這可能嗎？亞榮表達了當代的困惑。他意識到，「沒有經濟和社會平等，法律上的平等根本一無是處」[38]，然而他亦不相信社會平等是可能的。

---

35 Ernest Johnson, "The Concept of Human Equality."
36 B. F. Skinner, *The Behavior of Organisms* (New York: Appleton-Century, 1938).
37 William G. Sumner, *The Science of Society* (New Haven, Conn.: Yale University Press, 1927).
38 Aron, *Progress and Disillusion*.

我們直接面臨著社會地位（social status）平等的問題──**社會平等**。最終能達到嗎？還是違背人性呢？我的論辯是，不平等才是人為武斷且違背人性的，儘管文明進程中存在階級和種姓社會。更進一步來說，我們可以透過優越性的「資格」的改變，來證明人與人間的區分性其本質乃是人為強加（arbitrary）的。

　　長期以來，人類歷史上優越性的唯一基礎就是出身。一個人出身背景的高低決定了他的地位。如果一個人出身高貴，例如王宮貴族，不論個人素質如何，他就必須被以崇敬的態度來對待。如果一個人出生地位低下的家庭，他則必須謙卑恭敬。直至封建主義結束之前，這都是真實存在的。這種因出身帶來的優越性存在了數百年，然而存在過的事實能證明它的「自然性」（natural）嗎？最近的發展已表明，這種區別與任何其他形式的優越性一樣是人為武斷造成。隨著封建社會的崩潰，其他形式的優越性也已逐漸消亡過時。我們不再承認貴族的優越性，頭銜不再被尊重；頭銜的主人們也經常不使用頭銜。

　　接踵而來的是金錢的優越性。每個人都以他的銀行帳戶來定價值。然而大蕭條改變了這一點，富人得到的高度尊重正在減退，男性優越性同樣在下降，雖然還有一些人相信，但是人數正在減少。我們可以說，傳統上黑人處於劣勢地位這個事實永遠消失了，他們**不再接受**白人的霸權。

　　我們可以認為當今已經無視於過去這種支配和優越（dominance and superiority）的形式，應該睜開眼睛去看看「任何**個人的**品質資格都可以提供優越性」這種想法的謬誤。確實不是這樣。人們正在尋找一種衡量社會地位的新標準──至少目前他們已經找到了：道德和智力的優勢。然而，我們也可以認為，這個新近勝出的優越性也會走上這條路：如同其他過去的形式那樣，都只是當下的暫時狀態。

　　儘管過去競爭是社會流動的必要條件，為個人的優越性提供了基礎，但競爭的危險也愈來愈為人所承認。封建主義的結束給了每一位個體盡可能攀高的機會，個人競爭無可避免。通過競爭，人類取得了很大的進展，使得許多人無法相

信人如果沒有競爭還能夠竭盡全力。這是我們這個社會的特點，每個人都試圖提升自己，登上**直升**的飛機，[39] 擔心著如果他不能超越別人就會迷失方向，最後失敗。但是社會競爭已經失去實用價值，它建立了人與人之間的對立，滲透進每一個家庭，人愈親近就愈相互競爭。手足之愛曾經是偉大奉獻的象徵；今天我們並不希望最壞的敵人得到兄弟般的對待，每個人只注視著自己的利益。

　　難以辨認競爭和消除競爭的原因之一，是我們不知道如何消除競爭，以及什麼可以取代競爭。我們有充分的證據說明，一旦合作能取代競爭衝突時，家庭和學校便能更和諧有效地運作。如果每個人都朝著一個共同目標努力與貢獻、嘗試、擴大，而不是相互競爭，成長和成就便能得以實現。這就是幼兒在上學前所學到的，享受他們正在做的事情，無須焦慮與害怕失敗，然而焦慮與害怕失敗卻是後來大多數教室課堂活動的特性。

　　有人可能會問，引導孩子不要相互競爭是否正確，因為他們遲早要進入競爭激烈的社群中。事實是，一個人如果**愈不競爭**，在競爭之下就站得**愈好**。因為這類人不會老是關心別人在做什麼，他只是在做自己能做的事。競爭激烈的人只有在獲勝時才能忍受競爭，但在面對失敗時卻很脆弱。家長和教師如果覺得重要，應盡可能建立合作的氛圍，然而，大多數家長往往讓一個孩子與另一個孩子對立，讓好的這個更好，壞的那個更壞。如果父母想要結束這種競爭的衝突，他們就要實際上營造每個孩子都是「他兄弟的守護者」的局面。

　　不久之後，瘋狂競逐自我提升不僅會被認為是個人理智與內在平衡的威脅，也會成為失敗和挫折的原因。每個人都試圖通過成就和財富在生命中找到自己的位置。一個人可能會獲得成功、權力、金錢和愛，但他永遠不會因此獲得內心的安全感。無論他擁有什麼，永遠都不夠；否則他可能會失去所獲得的。許多沒有

194

---

39 Lydia Sicher, "Education for Freedom," *American Journal of Individual Psychology,* Vol. 11, 1955, pp. 97-103.

成就的人都絕望地放棄了，沒有人能藉由自身達到的成就或所獲得的感到安全；除非他了解到自己**僅因存在本身**便有其位置，否則將永遠無法獲得安全感。

　　過去，我們受奴隸心態的影響相信必須鞭策他人和自己，相互威脅、恫嚇、洩氣打擊。事實上，如果我們不滿意自己現在的樣子，那麼就很有可能永遠都不會滿意自己。唯有能與自己和平相處，並且擁有接受不完美的勇氣，我們才能真正進取。

　　瑪麗是一位出色的牧師。她用天使般的語調說話，人們從遠方各地來聽她佈道。有一天，一位朋友問她：「瑪麗，妳如何成為如此美好的牧師？」她想了一下，然後說：「坦白說，我不知道。我只知道每次佈道後魔鬼都會來訪。有一天，他在我肩上輕拍一下，說這次講道有多美妙；下一次，他踢了我一下，因為我的講道非常糟糕。每次我都必須與魔鬼爭戰。但自從他不再出現後，我就覺得自己做得挺好。」195

　　瑪麗意識到虛榮是個惡魔。她和我們很多人一樣，崇拜個人成功的金牛犢。但是當我們不再在意成功時，也就不再害怕失敗了。

　　無論我們在哪裡、做什麼，我們都是生命的一部分，是社群的一分子。世代來了又去，今天我們正處在人生的舞台上。每個世代、每個人都做出自己的貢獻，使周圍的生活變得更好或更糟，推動或阻止進步。我們的功能不是要證明自己有多好，而是要展現我們能為他人的福祉貢獻什麼。我們都是交響樂團的一分子，每個演奏者都有自己演奏的部分，不論大小或多寡。

民主是什麼？

　　一旦提出民主的定義問題時，似乎就很奇怪。在民主的過程中，難道我們大家都不相信民主嗎？身為美國人，我們走得如此遙遠，甚至遠得將我們的民主概

念出口到世界其他地方，卻還不清楚它到底是什麼。倘若我們的民主思想是清晰的，就不會有這麼多經常相互矛盾的意見。

「民主」是我們最主要採用的詞——現在仍被許多人使用——代表人民通過他們的代表來管理政府。但是，民主顯然還不只如此：它關心人民的權利。許多人相信，民主賦予每個人去做自己想做之事的自由，只要他沒有傷害別人。例如，康德（Immanuel Kant）認為，「每個人都有權利以他最好的方式尋求自己的幸福，而在幫助自己奮力追求的同時，也不侵犯別人的自由。」[40] 赫伯特·史賓賽（Herbert Spencer）也表達了類似的觀點：「每個人都可以自由地做他想做的事情，只要他沒有侵犯別人同樣平等的自由。」[41]

許多人共同分享著這些感受。但是，僅只停止專制並不會變得民主。如果不採取適當的措施，專制的崩解可能很容易導致無政府狀態。事實上，從獨裁專制到寬容方式的不斷轉變是我們在定義民主時的困境。

民主關乎人的基本權利，這些權利的基礎乃來自認可所有公民的平等。關於平等，有些面向已被討論過，其他面向比較容易被接受，而還有一些地方仍舊遭人誤解甚至拒絕，這對民主進程造成破壞性的影響。

許多人認為民主這個詞含糊多義。方啟迪（Risieri Frondizi）則如此描述：

> 民主一詞已經開始使用，且仍合併多種意涵持續使用中，但其中部分意思甚至是不相容的。可以一頁又一頁地引用文字來為不同的觀點提供證據……其實民主這個詞本身既沒有文義不清，也不是含糊。歧義的結果取決於如何使用。含糊不清或精確定義來自我們如何使用以及定義

---

40 Immanuel Kant, *Principles of Politics* (Edinburgh: Clark, 1891).

41 Herbert Spencer in *Political Justice,* R. B. Brant, ed. (Englewood, N. J. : Prentice-Hall, 1962).

的方式。[42]

這種「誤解」不是偶然。一方面，每個人都有權利用自己的方式來界定民主，所以今天幾乎所有人都認為自己是對的，稱自己是民主的、進步的，儘管他 可能是最糟糕的獨裁者，反對任何平等的想法。哈羅德‧拉斯威爾（Harold Laswell）表達了那些反對民主人士的觀點，其中包括許多心理分析家和行為科學家：

> 民主對話失敗的背後，潛藏的是更根本的萎靡不振民主人士。他對
> 自己的福祉判斷差勁，促進所有利益集團之間的討論往往使社會的困難
> 更加複雜，因為廣泛討論利益就激起衝突心理，產生阻礙，以及虛構猜
> 測和不相干的價值觀。我們的思想早已被「民主相對於獨裁制度」，或
> 「民主相對於貴族制度」這些陳腐的術語所誤導。我們應該由那些能辨
> 別真相和管理和諧關係的人來統治，即是社會管理者和社會科學家。[43]

造成平等的內容一團混亂的原因之一就是這個名詞有太多不同的含義。在其他語言中，不同的詞用來定義不同的含義。例如，德國人用兩個詞：Gleichberechtigung 和 Gleichwertigkeit 來區分權利平等（equal right）和價值平等（equal worth）。平等權利的概念已被普遍接受，但人人平等的假定卻遭到反對。法國人也用兩個術語區分兩種基本的平等是完全不同的。他們談論 égalité de droit 以及 égalité de fait，表示法律的平等和實踐的平等，也可說是理論上的和實

---

42 Risieri Frondizi in *Democracy in a World of Tensions,* R. McKeon, ed. (Chicago: University of Chicago Press, 1951).

43 Harold D. Laswell, *The Analysis of Political Behaviour* (London: Rutledge & Kegan Paul, 1948).

際上的平等。

198　　許多人堅信，價值平等——真正的民主——是一個不可能實現的目標，因為這種平等從未被見證過，然而它確實發生過。早期的基督徒和許多其他宗教團體實踐平等，偶爾也有報導說有些群體實踐了真正的社會平等。瑪格莉特‧米德在南海群島的研究結果顯示，在五個原始部落中，新幾內亞的阿拉佩什（Arapesh）部落，扎扎實實地實踐平等。阿拉佩什族並沒有如同許多原始社會中發現的那種長者統治的現象，由年長者主導年輕人。阿拉佩什族忽視年齡的不同，不稱一個人為祖父、兄弟或兒子，自然不在乎年齡的社會意義。他們不會把優越性歸因於男人或女人，而是讓他們承擔責任與功能到令人驚嘆的程度。撫養子女長大的過程不採用報償也不給予懲罰。他們顯然已經在相互尊重、合作、信任和彼此考量的基礎上，成功地建立了一個社群。[44]

民主過程

民主國家的憲法通常包括平等政治權和平等代表權的規定，但是這個理想的程序卻沒有被應用到任何地方。為什麼？

馬克思主義者有一個簡單的答案。他們認為，只要經濟上不平等，掌握經濟權力的人就會阻止平等的代言和平等的聲音，如果資本主義系統被社會主義所取代，就可以建立真正的政治民主。然而，自稱為民主的共產主義國家其實才是專制政權，拒絕公民享有政治自由。

199　　若是沒有**社會**平等，**政治**和**經濟**的平等都是不可能的。只有全體社會成員得到認可且被平等對待，才能建立政治、經濟、社會的和諧。另一條路就是為權利

---

44 Margaret Mead, *From the South Seas.*

而戰的所有群體之間，戰爭**持續到永遠**。

當我們試圖將民主原則應用到人際關係的所有領域時，這個問題就變得明顯了。「民主方式」與社會生活許多方面有關，乃在描述具體的人際之間和群體之間相處歷程的特定形式。儘管所有的政治和行為科學一直在研究著，但人際關係領域中，混亂與困惑依舊在主導。顯然，錯誤的概念在發揮傷害性的影響。我們的困難來自於不知道如何平等地生活在一起。我們需要新的技術和方法——在家庭、學校、社群、工業和政治領域。

我們仍然背負著專制的傳統，而當我們試圖解放自己時，依然失敗。在隨之而來的混亂中，我們並沒有意識到自己有能力創造各種社會氣氛（social climate），有些有益於民主程序，有的則干擾或阻塞之。

勒溫（Kurt Lewin）在他的「愛荷華實驗」（Iowa Experiments）研究中顯示，社會氣氛對我們目前的困境有至關重要的意義：他在男孩社團中試驗了三種不同的「社會氣氛」，以專制、民主和**自由放任**無政府狀態三種基本方式培訓領導人。專制的領導者告訴男孩該做什麼；民主的領導者幫助男孩設計和實施計畫；**自由放任**的領導者讓男孩們做他們想做的事情。結果非常重要，專制組與民主組表現差不多，**自由放任**組沒有任何成果。[45]

200

顯然，這個實驗指出了幾個教訓。首先，民主不應該與無政府狀態搞混。

第二個重要的事實是男孩們所進行活動的不同。獨裁統治組只有當領導者在場時才能工作；其他時候，他們彼此之間互相爭鬥，只能在控制下功能性運作。相反地，民主領導組於領導者不在場時仍繼續工作，彼此相互配合，他們可以內在控制。

最引人注目和重要的觀察是當領導者改變了其角色時。如果民主領導者轉為

---

45 K. Lewin, R. Lippitt, and R. K. White, "Patterns of Aggressive Behavior in Experimentally Created Social Climates," *Journal of Social Psychology*, Vol.10, 1939, pp. 271-299.

專制，不會發生什麼事。他仍舊贏得男孩們的信任；他們和領導者相處得很好，在短時間內他們就變得像專制領導的團體。但是如果專制領導者變成民主領導呢？團體便如同精神病院般發狂混亂。要大約一星期的時間，男孩們才能安定下來，成為一個民主團體。

當團體的專制壓力停止時，就產生了無政府狀態。人們自由地做自己想做的事，沒有承擔責任的需要。對於實驗計畫中的男孩們而言，他們有這樣的領導者幫助自己具有民主精神；但在我們的社會中，卻沒有這樣的領導者。結果，孩童和成人經常濫用民主進化所提供的自由，這就是我們這個時代的兩難困境。

PART

V

—

衝突與解決

極端化的過程

202　　我們的文化氛圍有被民主自由濫用的特性。社會四分五裂；每個人都考慮自己的權利卻無視他人的權利。人人都能為所欲為的民主自由，凸顯了不同種族、性別和年齡之間的差異，這種相互敵對的狀況，現今被稱為極端化（polarization）。

一個分裂的社會

群體中，各式各樣的較小部分塑造出了一個共同的敵人：「權勢集團」（the "Establishment"）。令人驚訝的事實是，每個人對於權勢集團的本質都有不同的概念。對黑人而言，其權勢集團是白人種族主義者；對於女性來說，則是父權制度；對勞工而言是上層的剝削者；孩童的權勢集團則是成人。許多人隸屬於被其他人所認為的權勢集團，而反過來，許多人也正向他們名之為權勢集團者抗爭。每個團體為鞏固自己而戰，卻不是以奮力戰鬥來抵抗不公正、抵抗宰制支配和權利剝奪，而這些戰鬥往往殘酷至極。

那些權勢集團不能理解這一點。他們沒有意識到內部戰爭（civil war）正在發生，這是一場把殺敵正當化的戰爭。對敵人可以用各種可能的方法進行戰鬥，

這倒是越南人的貢獻。越戰引發了國內對權勢集團的抗議。但是，若不是越戰，其他內戰的正當理由仍會發生。我們在碰撞的過程中，似乎沒有人知道如何解決這些衝突，我們正處於嚴峻的危險之中。

在美國，最激烈的內戰涉及黑人和白人。學生的反抗和其他社會抗爭團體有著密不可分的糾結。經濟上被剝奪的犯罪分子，甚至在監獄裡的囚犯，都要求需 203 得到尊重。而每一個抱怨權勢集團不公平和壓迫的群體，都會盡全力激怒、挑釁權勢集團。我們生活在假象中，以為只有通過衝突 —— 往往是暴力衝突—— 才能取得進展。毫無疑問，通過這種方式可以獲得一些改進，但代價是什麼呢？鬥爭將繼續下去，而且變得更加激烈，直到我們能認清且應用民主方式解決衝突。

有另一種形式的極端化也正在發生： 一邊是呼籲並要求治安希望鎮壓叛亂者的這一方，另一邊是偏袒底層弱勢且公開或默默支持叛亂者的那一方。但是這兩種方法都無法解決衝突。在實現**和平**與**秩序**之前，我們的社群是不會有**法律**和**秩序**的。只要當局持續欺騙自己可以通過壓迫來建立秩序，便只會刺激更多的反抗與叛亂。暴力和破壞並不會因威脅或受到同樣殘酷的報復行為而停止。我們必須採用新的方法，使犯罪者和執法人員不再需要訴諸暴力。

我們的刑法（criminal code）是新社會的絆腳石，法規的懲罰是在有效和可預防的假定下運作。縱使大部分學法律的學生都承認這個謬誤，社會似乎還不願意放棄「懲罰應該是適合犯罪」的這個需要。我們的刑罰機構通常為犯罪事業提供了培訓。監獄是滋生更多犯罪的地方，許多監獄中不人道的條件使情況更加惡化，更有甚者，少年犯也暴露其中。

違法者需要的是**身心重建**（rehabilitation），處罰絕不會帶來啟動重建。有更好的方法來處遇罪犯，有些機構已經建立了重建過程，囚犯們參與決策，在小 204 組討論中重新審視和改變他們的價值觀。但是大多數我輩中人都認為這是對罪犯的「溺愛」。

這種懲罰性的精神體現在對待罪犯的處理方式上，除了少數例外，警方幾乎

沒有處理罪犯的培訓。特別是黑人和窮人以及內城區（inner city；譯註：在美國許多城市，相較於中產階級居住區與郊區，內城區多半聚集較多貧民與窮人居住），警察多半被他們視為要去擊敗的懲罰性權威。要在這些地區改變警察的形象需要付出相當大的努力和時間，這種形象往往因警方以殘酷方式回應挑釁而更加強化。因此，警察被認為是敵人，射擊敵人是一種被廣泛接受的作法。人們可以隨意決定他們的敵人是誰，不論是越共還是警察，他們認為沒有分別看待的理由，因此，警察往往是內部戰爭的第一個受害者。

目前，我們不處理導致犯罪的問題，卻常常使用不好的替代品企圖改善這種狀況，例如：犯罪、文化與經濟匱乏之間存在關聯性；然而，僅靠金錢並不能降低犯罪率。金錢不會改變窮人認定自己的社會地位和角色之自我概念，提供教育也無濟於事，因為我們的教育方法往往不足，尤其是在處理弱勢群體的問題上。

教育可以而且應該發揮重要的作用，以塑造未來的社會；然而，目前學校對下一代的影響力非常低。衝突從小學開始，在高中變得更加激烈，並導致大學生的不滿。高等教育機構沒有為青年菁英提供最高的理想，卻因為學校不民主以及205 課程不符合學生的需要而招致反抗。高等教育需要根本的修正。

大學結構和功能的改變，將會對高中產生相當大的影響。我們教育體制的不足在高中層面最為明顯。在決定誰可以上大學、誰不能上大學的壓力下，這種惡性的評分方法無法被淘汰。然而，如果上大學的目的僅僅是為了獲得更多的知識，就無須靠任何成績表現來分別。只有那些真正想要學習的學生會去上大學，而且是在沒有失敗的恐懼下走向大學，事實上，這種對失敗的恐懼是多數大學有系統地培養出來。

勞工與管理階層的衝突

勞工與管理階層衝突是另一個主要的磨擦來源，而目前看來，立即解決此問題的希望渺茫。

在管理階層失去權力的同時，勞工逐漸獲得權力，但是這兩個群體間的鬥爭就如同兄弟鬩牆一樣持久。儘管勞工和管理階層為他們的「權利」付出了巨大的代價，但幾乎沒有人認為這場鬥爭將會停止。社會認可雙方在討價還價的原則中繼續掙扎，這意味著雙方都盡全力爭取較多的機會及較少的付出。

有一個案例研究完美總結了當前的產業關係。工會研究發現公司的財務狀況可以提高 7% 的工資，工會知道這事，公司也清楚此事。但為了拿到 7%，工會覺得它必須要求 10%；而公司為能「給出」7%，一開始只願意提供 5%。因為如果工會在談判開始時要求 7% 的話，就永遠不可能拿到 7%；如果公司在一開   206
始提出 7%，則最終會支付更多。

鮮少有跡象表明這個鬥智的過程有其社會意義，兩派在這骯髒的遊戲中都阻礙了進步和最終的社會和諧。讓我們更深入地研究這個主題且來看看這個偏執的假定，即管理只有一個目的：控制和擊敗勞工階級（這並非意味這種假定有時是無效的）。

洛倫・巴里茨（Loren Baritz）對勞工和管理者的態度進行全面的描述，[46] 令人感到可怕的事實是，他先是詳細報告過去二十年來為促進和平與理解而制定的所有有效方法，接著譴責這些方法如同是奴役勞工的計畫。我們可以從他提供的許多引文中猜出，他所表達的想法是被廣泛接受的意見，但是如果我們相信他及其所引述的，就沒有機會將和平與和諧帶入工業界。因此，巴里茨強化了人們無法與其他夥伴和平相處的普遍性。

---

46 Loren Baritz, *The Servants of Power* (Middletown, Conn.: Wesleyan University Press, 1960).

對工業界的和平需求不僅僅是經濟上的需要而已。工作是每個人都必須完成的基本任務，工作意味著對社會做出有益的貢獻。這不僅僅是一種責任；它是人類生活一部分，也是非常重要的一部分。如果每個人都有足夠的金錢來滿足他所有的需求，包括奢侈品，那麼許多人可能會停止工作——但是會持續多久？在惡魔島（Alcatraz）上最有效的「懲罰」形式就是不准工作。

工作不僅只意味著謀生，也不需成為與上司或員工的戰場，一方被另一方剝削的情況不需要存在。事實上，正因為工作是生活中太過重要的一環，才會被相互剝削者所控制。

工作中的衝突與我們這個時代的其他衝突具有相同的本質，都是基於競爭，為權力而鬥爭，是為了增加自己的權利且無視他人的權利。

第二次世界大戰結束以後，因傳統的專制要求被證明具有成效，而有了很大的進展。管理人員往往忽略人的因素：他們知道如何處理機器，但不知如何與人打交道。各式各樣的心理和社會技術被用來促進和諧以及避免衝突，最重要的發現是在團體動力學領域。弗蘭克（Frank）在各部門之間的討論——不僅僅是工人和工人之間——可以改善人際關係，也可以解決管理人員、工頭和工人的問題。角色扮演有效揭示了潛在衝突和不滿情緒，並有助於解決問題，參與決策的作法創造了相互理解和合作的意願。

許多公司已經找到了實現這些成效的方法。在已發展的系統性程序中，弗雷德里克·赫茨伯格（Frederick Herzberg）和他的同事們提出的激勵保健理論（the Motivation Hygiene Theory）[47]，試圖將人類的基本需求考慮在內（譯註：1950年代末，赫茨伯格在匹茲堡進行實證研究發現：屬於工作本身或工作內容方面的因素，例如：挑戰性的工作、認可、責任等，使職工感覺滿意；屬於工作環境或工作關係方面的因素，例如：地位、工作安全感、薪水、福利等，使職工感覺不滿

---

47 Frederick Herzberg, *The Motivation to Work* (New York: Wiley & Sons, 1959).

意。前者被赫茨伯格稱作激勵因素〔motivational factors〕，後者被稱作保健因素〔hygiene factors〕）。從此看來，一個人的生產活動——他在工作中的成功和失敗——深刻影響著他的道德狀態。赫茨伯格的同事史考特·邁爾斯（Scott Myers）提出了這個問題：「什麼能激勵員工有效地工作？」他回答：

> 一個具有挑戰性的工作，能給予成就、責任、成長、進步、工作本身的樂趣，以及獲得認可。
>
> 什麼會使工人不滿？主要是工作周邊的因素，包括工作規則、照明、休息時間、職稱、資歷權利、工資、附加福利等等。
>
> 什麼時候工人會變得不滿意？當獲得意義性成就的機會被剝奪時，他們就會對環境變得敏感，並開始找錯誤。[48]

208

　　根據巴里茨的說法，許多勞工發言人和支持者全然反對為了創造勞動和平所做的努力。勞工發言人稱參與制是惡性的；其他的人則認為「家長式是最好的，而專制則是最糟的」。儘管實際上參與制是「將激進的工人轉化為合理的管理型員工」，但勞工堅信，民主的方法在工業中注定會失敗，而管理階層也同樣有強烈的懷疑。實際上，勞動鬥爭不僅僅是勞資關係——馬克思所預想的階級鬥爭——也包括工人與工會之間、工人與工頭之間，以及管理者與管理者之間。

　　只要雙方互不信任，再好的方案都不會奏效。利潤分享在某些情況下得到了回報；而在另一些情況下則不然，因為工人們不相信他們的雇主會誠實地宣布他們的利潤。在這裡，我們也有同樣的情況：只要有鬥爭和對抗，就沒有人會受益；只有在以相互尊重為基礎的民主交易中，社會中的許多衝突才能得到解決。

---

48 M. Scott Myers, "Who Are Your Motivated Workers?" *Harvard Business Review*, Vol. 42, 1964.

經濟問題

我們的社會受到經濟問題的困擾，沒有一個國家能擺脫經濟問題；沒有人可以忽略它們。若國家不顧慮財富利益，則所有人便要共同承擔飢餓、貧困和經濟倒退及其後果帶來的恐懼。為什麼我們不能解決我們的經濟問題，或者至少用一些明確的方案呢？

這與我們在努力尋找答案的所有其他方面一樣，我們忽視了經濟學中的**人為**因素，甚至沒有意識到人為因素影響了經濟、股市、貨幣動盪、進步或衰退。

恐懼和不安全感、成功或失敗，顯然對經濟發展產生重大影響。然而，不同的理論卻相互矛盾，由於對心理動力的了解有限，導致各個經濟學家發展自己的理論。

事實上，為了解決經濟問題，已提出了許多方案，但每個人都堅持自己的想法，不想把控制成功的影響力歸功於其他方案。

現今，我們沒有能力預見最能滿足社會和全體成員需要的經濟體系是什麼樣子。沒有人知道這個經濟體系是自由的？還是受控制的？它也可能是一個混合的經濟體，結合了規劃下的要素與其他自由的企業。當一個人的才能或成就不再決定其地位優越與否時，我們可能會發現自己所需獲得的利益，不需比集郵者或蒐
集古董者們所獲取更多，我們也能夠累積財富。唯有如此，我們才能找到辦法來解決導致無限艱辛的經濟困境。

政治民主

政治民主本身並不能保證實現真正的平等。儘管憲法如此規定，但少數民

族、婦女和青年們仍然被剝奪了平等的政治權利（譯註：1870年，美國國會通過憲法第15條修正案，明確給予黑人男性投票權。1920年8月，通過第19條修正案，合眾國公民的投票權不得因性別而被合眾國任何一州加以剝奪或限制，女性擁有投票權正式得到確定。且在1971年，通過憲法第26條修正案，確立年齡十八歲以上之人的投票權）。

兩黨的政治傳統都是民主典型的例子。每位委員具有停止程序的權利，被譽為民主中的極佳案例。但是在重要關頭又需做出決定時，那些個別代表，那些小嘍囉們，卻很少有話要說，「老闆們」便出馬決定了他們之間的爭論。

不幸的是，這種民主的拙劣模仿並不局限於政治舞台；在任何強大的集團控制機構中都能看到這種情況，制度主義的有害後果在各種組織中尤其明顯，國家組織、社會科學領域或者教育領域，某些優勢群體維持幾乎無法打破的壟斷地位，而所有這些控制都是用難以置信的能力來維持民主程序的**表象**。藉著對秩序規則的仔細觀察，草率通過和極其熟練的操縱，使得統治集團能夠發揮控制力。

我們都注意到，這種一般公認的程序使現在的「民主」比任何專制時代的權力展示更令人反感，因為至少專制不虛偽。當民主原則宣告之後卻不適用，這種藉口必然會使整個民主的生活方式名譽掃地。我們必須更加清楚地理解和運用民主的真義，才能透過自己的熱情和信念，幫助他人認識到民主社會中不可否認的益處。 211

我們可能不得不修正對多數原則的看法。我們對多數，對**數字**的依賴已妨礙了他們根據邏輯、道德或知識價值來判斷問題的能力，當多數人將自己的意志**強加**於少數人，少數人只會勉強接受這一決定，並與之抗爭。於是，我們永遠無法達成一致，而只是權力的轉移。

由於機會平等原則是實質平等的拙劣代用詞，所以用多數來裁決是一種強迫式的接受。我們視多數原則為理所當然，因為我們知道沒有更好的方法來調和對立的觀點和利益，但造成這種缺陷的原因是我們缺乏民主領導。只要有這樣的領

導存在，它就會使自己在談判和澄清的能力上產生影響，直到達成**行動共識**。我們習慣用帶點輕蔑的態度把領導能力稱為「權謀」，因為過去它主要是用一種迂迴的方式來面對權力和權力團體。精明的領導力的確運用了外交手段，但不是傳統意義上的意涵。精明的領導力，是教師用來引導學生進行討論時、父母用來贏得孩子的支持時、仲裁者用來解決勞工問題時，以及政府代理人用來克服種族對立時，所需要的領導能力。

勒溫證明了民主領導的重要性，民主領導本身可以產生建設性的團體行動，這種領導能力不僅僅是指揮或引導討論，民主領導人必須能夠調和對立的利益和觀點，達到民主程序無法實現的共識。在這歷史上的一刻，最緊迫的任務是培養有能力的領導者，他們不把自己的想法強加於群體，而是幫助追隨者發展想法和達成協議的方法。

所有家長和教師如果想要重新獲得對孩童和青少年的影響，就需要在領導能力方面有所訓練。如果我們要嘗試——而且也必須——在社群中，鼓勵這些威脅國家和平、彼此抗衡、相互敵對的群體進行健康的面對面接觸，我們就特別需要這樣的領導能力。沒有領導，這類會面就不可能發生；如果他們仍相互對立，就會引發更多的爭論和敵意。我們發現置身在這個碰撞過程中的我們，在缺乏這種領導能力時，就無法阻止這種碰撞，特別是在危機和衝突的時刻。在每個族群中，這類領導人存在與否，是終止敵意和防止它再次發生的先決條件。

我們需要能夠激發觀念和態度，尤其是發展價值觀的青年領袖。只有透過團體討論才能成功地改變價值觀，因為團隊是一種價值形成的媒介。一位訓練有素的教師可以有效地透過群體，改變學生的道德價值。

大部分的年輕人，也包括成年人，都在尋找更好的價值和意義。所有人都需要參與團體來建立和維護新價值，而宗教是這類改變的媒介之一，因為宗教所關注的是生活的基本價值。

宗教的功能

人不能孤立存在。人只有**身處於自己的團體之中**，才能發揮力量並感到安　213
全。社會是生存所需的媒介，唯有充分融入社會才能滿足人的需求，密切的社會
融合需要情感性刺激和情感性反應。

所謂的「靈性」（spiritual）通常能喚起每個人最好的情感刺激。這一語詞
不僅意味著神聖，也隱含著人類具有更高的智力和道德動機的能力。縱觀人類的
歷史，宗教一直是能滿足精神需求的最有力工具。在宗教經驗中，人類尋求並發
現了強烈的凝聚力和歸屬感。通過宗教，人們已經擺脫日常生活的磨難，並賦予
更廣的生活視角。因此，宗教滿足了不同時代中個人的需求。

然而宗教也有其社會功能，自最早的組織社會開始，社會已經試圖在其成員
中培養符合宗教所需之態度。每個群體都有自我規範和標準，接受社會規章對社
會生活來說有其強制性。在大多數社會中，宗教的規定已經影響了所有成員的思
想和行動，宗教儀式喚起了他們的情感，並將他們整合到一個群體中。

今天，當文明的走向是使成員們自動地在無止境的競爭中樹立人與人之間
的對抗，宗教就顯得尤為重要。但有組織的宗教往往不能提供智識內容、儀式和
精神象徵，也無法以平等的方式來符應民主的需要。實際上，對抗西方當權派的　214
社會抗爭人士，往往熱切地探索東方宗教，尋求一種普同和喜樂的感覺，這似乎
顯示我們持續需要新的宗教經驗。

宗教的討論通常以當代宗教為中心，多數宗教的定義僅僅反映了特定信仰的觀點——西方世界通常是基督教。結果，這些定義往往未能納入宗教經驗中更廣泛的面向。由於宗教在不同文化下變身為不同的意義和內容，歷史的視角可能有助於我們認識宗教的本質功能。

　　在原始社會裡，宗教是神祕的。由於原始社會有強烈的集體性，原始宗教也主要是集體主義，個體被緊密地融入團體之中。原始宗教起源於宗族或部落意識，由於個體不被視為單獨的存在，個體乃是團體的一部分，以至於同樣沒有單獨的神存在。當部落的集體主義開始瓦解，個體在異質的社會文明結構中以單獨的微粒出現時，個體的神也就出現了。與原始的神祕主義相比，宗教變成自然神論，它成為一種高度個別化的經驗。[49]

　　原始宗教與自然力量有關；文明初期的宗教也是如此，接著其著重之處逐漸轉移到社會問題上。隨著希臘文化，尤其是奧菲斯教（the Orphic Mysteries）的傳播，宗教開始圍繞在罪惡和個人贖罪的概念上。與神個別交通的觀念取得了優勢，特別是在希臘後期國家權力逐漸減弱的情況下。個別的神如同個人在社會上的表現一般，為了達到一個全面的社會權威，社會走向了統一的專制；神也是如此。單一的神，與帝國形成中最強大的統治者一樣，戰勝了他的對手。由猶太人創立的一神教（Monotheism），強調社會秩序和正義，在權力爭奪統治的時代，成為普世的宗教概念，然後走向民主的趨勢，遠離了權力和優越的無端鬥爭。希臘的禁欲主義（又稱斯多葛學派）在早期佛教的影響下，制定了人類平等的基本思想；他們是西方文化中第一個發展出一種我們可以稱之為「現代」的宗教。它剝奪了宙斯「神聖」的屬性，而且定義他為普遍而迫切的「理性」（reason）或邏各斯（logos；譯註：希臘文中的 logos，原意是「話語」，同時也有思考、推

215

---

49 這種對宗教發展的描述遵循基本上被公認的進化論，特別是由 Alfred Bartholet，*Kultur und Religion* 提出的那些內容（Göttingen, 1924）。

論、計算、因果等邏輯思維之意）。斯多葛學派的泛神論宗教，並未賦予神和超自然之類的地位。

佛教同樣拋棄了婆羅門教（Brahmanism）的形而上學（metaphysics），並以「無神論」做為其原始的形式。古代文化最後時期，佛教從簡單的生活方式「回歸」（regression）到超自然（supernatural）的概念，乃為當時宗教的特徵。在基督教中也可以看到類似的發展，早期基督教徒信奉並實踐人類平等。救世主是一名男性、一位老師、一個人（有趣的是，佛陀也被其弟子認為是神的兒子）。早期民主宗教的思想與民主社會組織的趨勢相符合，但這種趨勢隨著羅馬帝國的瓦解而結束了。社會倒退回一個專制的、封建的政治組織；奧古斯丁的正統觀念取代了基督教信仰的平等精神。「理性主義」（rationalism）一詞最早出現於文藝復興時期的宗教領域，同時又重新發現了歷史上民主的觀點。文藝復興時期的人文主義者對於中世紀對權威的依賴和理性屈服在權威之下，非常反感。他們試圖 216 維護理性的自治，而不是書籍和機構的權威。理性擁有包括宗教和道德在內所有真理的包容力。關於原罪（original sin）的教條，或是關於人的墮落造成理性崩解的教條，都被否決。

當現代社會開始反對專制統治、支持平等的關係時，上帝做為最高權力的象徵，保護了世俗統治者的權力，以維持他們高於其他一切的優越性，也都受到挑戰。人類意識到自己的價值和尊嚴，不僅廢黜了國王、皇帝和暴君，還廢黜了神聖的貴族，數百萬人民失去了對一神的信仰。因此，再次反抗超自然力量的同時，民主的潮流也席捲而來。

隨著有組織的宗教影響力減弱，許多人發現自己在沒有指引和方向中迷失了，另一些人則轉而尋求刺激和集體運動。民族主義、政治和意識型態的運動取代了宗教，促發奉獻、合作和融合，然而卻因其分裂的本質，造成這些運動失敗。迄今為止，尚無一種意識型態能為我們的文化提供一種包羅萬象的日常生活哲學。

為民主的宗教

傳統上，民主會質疑超自然的存在，但並不意味著民主就厭惡宗教。人類的「精神需求」（spiritual needs）並不需要超自然力量的存在，然而人類仍需要一個指引，一方面可以使個人脫離日常的孤立，並延續他們生活上更高的價值；另一方面，可以為社會提供一個溝通道德和價值觀的管道。過去每段文化時期都有合適的宗教，我們可以假定民主的文化時代也會有其宗教表現。我們能確定的是，這種嶄新的和普遍的宗教尚未存在，也沒有人能說它會是什麼樣子，但是，民主宗教的某些面貌已經變得清晰起來了。

新的宗教將是人文主義的（humanistic）。它與人有關，而不是與上帝有關。一神概念中自然存在的力量及超自然的力量，並不符合我們的生活方式，也不適合那些意識到自己的獨立性、自我決定及自身具有力量的個體。

新宗教的真理將會是經驗性的（empirical）。這個真理將與先前世代和文化顯現的本質完全不同。不會有關於「絕對真理」的教條斷言，也不會有科學的嘗試來「發現」真理。我們只能找到真理的近似；相對性將取代絕對性。

新宗教的規約將為新道德服務。隨著民主演變，出現新的道德價值觀，許多神聖的概念將會瓦解，我們行為標準的改變將反映在道德價值的結構中。個人的野心、正義、強烈義務感、順從、完美主義，以及在社會中得到激勵和尊重的相似特質，現在都不足以激發自由的人們去盡其所能，因為這些價值往往成為我們失敗和缺陷的根源，再也無法促成美善與成功。個人生活的實現、與夥伴以及自己和睦相處，需要對既有準則進行相當程度的修改，我們可能需要的是熱情，而不是野心；用友善和理解代替正義；以歸屬感、同理心和參與來代替責任、義務。一味地順從並不會促進改善；不完美的勇氣將比完美主義更健康、更有益。

新宗教將提供新的象徵（symbols）。也許現代人文主義最大的不足就在於它未能提供有效且被普遍接受的象徵。象徵符號是引發個人特定態度的路標，也

是說服和激勵的捷徑，可從接受的人那裡得到不假思索的回應。象徵可以被理解而不需要解釋，它們是團體凝聚和群體運動的必要條件。任何新的宗教都需要象徵符號，因為沒有它們就無法形成一種社會力量。

我們只能猜測會出現什麼樣的象徵，但可以相當肯定地說，正統宗教的基本象徵——罪的概念——將不存在。罪是一切邪惡的體現，所有這些都應該避免。但是，需要一個權威來宣告罪是什麼樣的概念。罪是民主社會組織中一種來自人類歷史上留傳下來的習慣，可以稱為返祖性（atavism）。人們的不良行為並非由於他們有罪的特質，而是因為他們被誤導了，他們不是「壞的」，而是氣餒的。任何錯誤的人或「惡」人都需要幫助、理解和治療，而不是譴責或懲罰。在民主時代，懲罰已在矯正程序中失去了效用，在這個時代，沒有人，甚至是孩子，能被**強迫**適當地表現。

懲罰的恐懼是正統宗教不可或缺的部分，在此時及其之後，懲罰威脅的目的是製造恐懼，以做為違法犯罪的威懾力量。但如今，恐懼已成為滿足及責任感、自尊和自我實現的最大障礙。相反地，勇氣才是自由的必備條件。現代人類需要勇氣來面對不確定的事物，因為只有在獨裁統治下才有確定性的存在。現代人需要勇氣，因為他認識到自己擁有自發性和創造性，而且就是需要勇氣來自發。只有知道自身優勢且對自己有信心的勇者才能對他人有信心；只有這樣做，才能接受社會生活中的給予和獲取。一個新興的宗教，無論它需要什麼樣的象徵，都需 219
要一個能喚起勇氣、相信自己的優勢和能力的象徵。

新宗教將提供新的儀式。這種儀式將由互助組成。在日常生活令人沮喪的磨難中，我們需要精神和道德上的支持，而這些只能來自我們真心視彼此為手足的群體。我們需要彼此的幫助，盡我們所能，做到盡可能有效。我們需要彼此提醒、堅持追求自己的理想。我們需要互相鼓舞對公眾利益的奉獻，激起我們彼此感受、彼此相處、彼此歸屬的意願，實現人類最珍貴和古老的夢想：人類的同胞之愛、手足之情（brotherhood of man）。

譯者後記

【吾，識己乎？】～我夠認識自己嗎？

李家雯，2018.11.26，南港家中

　　我夠認識自己嗎？在整個翻譯過程中，我的答案只有一個：「不！原來對自己的認識，我從未透徹過！」在工作中，我身為行動心理師，四處接案、演講、上課、督導，全台走透透；在家庭中，我同時具備為人妻、為人母、為人子女的多重角色，二十四小時無縫接軌；帶著這樣多種斜槓身分，使我從接到本書的翻譯任務開始，至紙本校對完成、送件那一刻為止，發現自己沒有一刻不在挑戰自我極限，不論是知能上、體力上、時間規劃上，甚至對自己多重身分的自我期待上！現在的我會說，「翻譯，即是一段與自己重新相識之旅！」在這段奇幻旅程裡，我發現原來自己樂於文字的轉換之中；發現自己可以如擰毛巾一般，將時間擠了又擠，直到一滴不剩；發現身體原來可以在生病與康復的喘息之間，找到出路；發現在發燒的女兒與趕稿之間，我具備彈性應變的能力；同時，更發現自己的能量原來一直都來自於家人與朋友滿滿的支持、接納與包容！作者德瑞克斯在前言裡問到：「我是誰？在我與世界、國家、民族、社群、家庭、工作等之間的關係裡，我的責任義務為何？我該如何滿足這些日常的挑戰？」這正是過去這些時日來，在多重任務下的我，總不自覺反芻的自我提問。而今，對這些問題我仍沒有答案，但我清楚感受到如作者所闡述的，因連結當下，才能帶著勇氣去面對

眼下的日常挑戰，才能從中感到自己的價值、意義，並揮去因恐懼所帶來的窒礙難行。「若要識得自己，先得忘卻自己。」先忘記自己對過去未竟事宜的罣礙、忘記對未來未知的恐懼、忘記當下他人眼中的評價，才能清楚地，一次又一次，再次認識自己！

【咱，平等乎？】～我們平等了嗎？

林上能，2018.11.25，臺北

透過本書的第 5 至 7 章，您可以清楚地透過作者早在五〇年代的遠見，一窺當前臺灣社會的困境與亟待努力的方向。社會平等可以從人我關係的平等來看待，包括了伴侶、親子、家庭、師生、同儕、同事、上司與下屬、政府與人民、性別刻板與歧視等等。人的自卑感與對於失勢的害怕，往往讓我們容易耽溺在彼此的權力鬥爭、征服與臣服、強迫與屈就的衝突中，如此所有的關係都會是失衡的，而社會始終會是對立與動盪的。唯有當我們願意以「互相信任」為基礎，傾聽彼此的需求，理解彼此行為的目的，體認彼此是對等而沒有所謂的優劣之分，更能允許、接納、尊重彼此的差異存在，我們才能秉持著互助合作的精神，邁向一個平等的民主社會。雖然這是遠大的理想和願景，但我們已然走在這條路上，也有許多深埋的種籽等待滋養與茁壯，願良善的臺灣社會終能邁向真正的「人皆生而平等」，不再讓任何人被排除在平等之外。

【蒼天下，吾卑乎？】～宇宙蒼穹之下，我自卑嗎？

吳毓瑩，2018.11.26，臺北牯嶺街

回想 2017 年春天，我們正在籌劃臺灣阿德勒心理學會（Taiwan Society of Adlerian Psychology, TSAP）2018 年年會，主題定在社會平等，楊瑞珠老師推薦大

家讀德瑞克斯這本書，翻譯這本書，與華文讀者分享。在猶豫之際，家雯首先熱血響應，激起大家豪情，於是，翻譯四人團隊便組合起來。在選擇翻譯篇章時，我就這麼靠向了第三部「蒼天下，吾卑乎？」回首一看，原來每個人翻譯的主題，就是自己的生命議題。細細閱讀德瑞克斯留給我們的智慧之語，我深深被「人與宇宙」所打動。人，可以大到人類物種，可以小到自己；宇宙，可以大到無垠星塵，小到內在空間。就在「人與宇宙」之下，我漸漸感受到自己的渺小是那樣地自然；卑微，那是當然的，忽然可以理直氣壯。然而，在那樣浩瀚的宇宙中，我又看到渺小的我，真值得敬佩；我克服了這麼多困境，一步步長成這樣，「大自然的莊嚴、美麗和創造力，都在我們每個人自身之內」。我邊翻譯著文字，邊讚嘆，原來，自由是宇宙的性質，不僅只是人類的意志。於是，我逐漸接觸到社會平等的關鍵性，正因為我們的渺小與自卑，面對著宇宙的自由與創造，我們很容易因為害怕而渴求歸屬、而與社會緊密結合，目的在保護自我的生存，然而往往犧牲了彼此平等的對待，例如奴隸對於主人、寵兒對於母親。本書出版之際，正值性別平等的公投結束，我彷彿也看到緊密的結合來自於不平等的相處。德瑞克斯懇切地告訴我們：「只有全體社會成員得到認可而且被平等對待，才能建立政治、經濟、社會的和諧。」我最後發現，克服自卑的方法是彼此平等，方得以相互成就，一步步走向更美好的我們。

【爭，解乎？】～衝突解決了嗎？

黃珮怡，2018.11.24，新莊

　　這是我第一次參與翻譯的任務，惶恐中又深感榮幸。知識能帶來成長、對話與反思，進而產生實踐的行動力，因此，能夠將好的作品譯為母語傳遞，是對這個社會很有意義又實質的貢獻。特別要感謝我的團隊，不斷在旁給我鼓勵、支持與協助，如果沒有你們，我不會有勇氣踏上這項挑戰之路，我們用著自己的力

量，彼此合作，朝向共同的目標——詮釋本書的精神，讓每位讀者能與自己、與他人、與世界、與生命和諧共處，甚而促進群體邁向社會平等這個終極的理想。彷彿共時性一般，這些年的我也恰巧用自己的生命經驗，重新理解「衝突」存在的意義，使我更渴求著精神信仰的呼召與指引。若將衝突視為一個動態——平衡的歷程，是的，在這個歷程中，每個人都帶著自己深厚的文化經驗來詮釋現象或議題；然而，從更高的生命層次來看，我們正彼此陪伴，相互激盪，共創每一刻。在今日九合一選舉的日子裡寫下後記，特別有其歷史性的意義，陽光普照，象徵著希望，我們正在這條路上，攜手邁向「終極理想」的旅程。

作者簡介

　　魯道夫・德瑞克斯生於西元 1897 年，來自一個維也納的商人家庭，家境小康，是家中五個妹妹的兄長，自小便開始學習音樂和其他外文（法文與英文），長大之後，仍一直維持著對音樂的喜愛，在家中常會作曲、演奏室內樂，不時彈奏鋼琴、小提琴、中提琴、大提琴等不同樂器。他非常喜愛鋼琴，有機會時，會與在場的其他音樂人一起演奏雙鋼琴的四手聯彈；自五十歲起，家中就同時擁有兩架鋼琴。相反地，他並非是位狂熱的語言學家；在晚年，德瑞克斯曾必須以法語或英語授課，卻不曾以自己優越的語言能力自豪。

　　第一次世界大戰期間，十八歲的德瑞克斯入伍服役，於奧地利軍隊擔任中尉。在青春期時，即已加入注重唯心主義的青年團體，涉及人道主義與自然、社會理想等相關議題。他廣泛地關注道德與精神層面，卻未限於單一種信仰或教派。德瑞克斯致力於投入個人、團體、民族之間的和平相處，無疑地，第一次世界大戰期間遭受的恐怖經驗，強化了他的想法，認為人際間的衝突應以合作的方式而非透過破壞來化解。

　　退役後，他進入醫學院，專攻在當時尚屬新穎的精神醫學領域。在私人機構治療病人時，他尋求相關領域裡前輩和先進的指導建議，因此識得個體心理學之父：阿德勒。他加入以阿德勒為首的討論與工作團隊，在維也納公立學校擔任兒童輔導中心諮詢師。德瑞克斯逐漸成為維也納地區阿德勒心理學活動的領導者，當阿德勒在 1937 年過世時，更代替阿德勒遠赴巴西，完成阿德勒本要講授的課

程。

巴西行之後，德瑞克斯移居美國芝加哥，創立自己的私人精神醫療診所，延續對大眾精神健康的關注，那是他在歐洲跟隨阿德勒工作腳步時便開始奠定的。他帶領社區兒童輔導中心，持續地在學校工作。終身對預防精神醫學的關注，促使德瑞克斯對親職教養與教育訓練的重視，他協助創立北美阿德勒心理學會（North American Society of Adlerian Psychology），以及該學會首刊期刊；二戰之後，又協助創立國際個體心理學會（International Association of Individual Psychology）；1962 年，依照早年阿德勒創立的課程模式，創辦國際暑期學校（其旗下組織後來稱為 ICASSI）。

德瑞克斯將自己的精力投注在協助孩童與青少年，注重撫養與教育孩童所需之民主歷程，延續並拓展阿德勒與同僚們早年在維也納所創立的教育與諮商模式。雖然他已是著名的精神科醫師，在與重度困擾之病患的工作方面有非常傑出的成果，但在其手稿中，能看見德瑞克斯重視一般大眾在日常生活中的困頓，不僅只是提供心理治療而已。德瑞克斯意識到因心理困難所造成的人際困擾，對他而言，不論是個體或團體中的價值、信念與人際關係，在心理健康上都至關緊要。因此，他的著作包含團體動力、團體治療，甚至在其音樂治療的論點上，也能看見他對音樂與團體歷程的高度評價。

在德瑞克斯一生中，他教導人們要以民主的方式來化解衝突，且強調利用「鼓勵」與「自然後果」，雖然這些在當時未被廣泛接受，然而，因為他的努力，成千上萬的人們依然閱讀他留下來的著作，運用鼓勵與相互尊重的態度養育出負責任的孩子。縱使德瑞克斯已於 1972 年辭世，享年七十五歲，然而他的影響依然持續著，在世界各地對各社群帶來的廣大利益也從未停歇。

張老師文化公司書目

· 此書目之定價若有錯誤，應以版權頁之價格為準。
· 讀者服務專線：（02）2218-8811　傳真：（02）2218-0805
· mail: sales @ lppc.com.tw

一、生活叢書			P22	你可以做個創意媽媽	230 元	
生活技巧系列	定價	備註	P23	我要和你一起長大─尋找家庭桃花源	250 元	
A9　怡然自得─30 種心理調適妙方	130 元		P25	愛女兒愛爸爸─做女兒生命中第一個好男人	280 元	
A10　快意人生─50 種心理治療須知	120 元		P26	孩子的天空─成長、學習、邁向卓越的七大需要	300 元	
A11　貼意父母─30 帖親子相處妙方	120 元		P27	大手牽小手─我和我的自閉兒小宜	220 元	
A12　生活裡的貼心話	150 元		P28	每個父母都能快樂─怎樣愛青春期的孩子	270 元	
A13　讀書會專業手冊	250 元		P29	當孩子做錯事─掌握機會塑造好品格	300 元	
A14　創意領先─如何激發個人與組織創造力	250 元		P30	如何與青少年子女談心	280 元	
A15　大腦體操─完全大腦開發手冊	120 元		P31	我想安心長大─如何讓孩子有安全感	260 元	
A17　張德聰的自助舒壓手冊〔上〕：美好人生的心理維他命	220 元		P32	王鍾和與父母談心 ①─親子關係	240 元	
A18　快樂是一種陷阱	280 元		P33	王鍾和與父母談心 ②─生活教育	240 元	
A19　聰明的餅乾壓不碎─找回你的天賦抗壓力	200 元		P34	王鍾和與父母談心 ③─兩性教育	240 元	
A20　聆聽自己，聽懂別人：35 堂讓生活更美好的聲音魔法課 +CD	300 元		P35	王鍾和與父母談心 ④─學校生活	240 元	
A21　大腦的音樂體操（附演奏 CD）	320 元		P36	青少年非常心事	250 元	
A22　壓力生活美學	280 元		P38	媽媽，沒有人喜歡我	320 元	
A23　用十力打造實力：培養幸福生涯核心能力	280 元		P39	我兒惠尼	320 元	
愛・性・婚姻系列	定價	備註	P40	燈燈亮了─我的女兒妞妞	320 元	
E42　愛得聰明，情深路長	210 元		P43	一生罕見的幸福	240 元	
E44　愛就是彼此珍惜─幸福婚姻的對話	300 元		P44	任修女的親子學堂	240 元	
E45　婚內昏外	220 元		P45	巴黎單親路	240 元	
E47　愛上 M 型男人─找回妳的勇氣、尊嚴與幸福	290 元		P46	青少年非常心事 2：我的孩子變了！	250 元	
E49　搞定男人─李曼法則 39	270 元		P47	攀越魔術山：罕見疾病 FOP 的試煉與祝福	360 元	
E50　享受愛情不吃虧	230 元		P48	如何教養噴火龍	280 元	
E51　抓住幸福很 easy	230 元		P50	當孩子得了躁鬱症─該做什麼？如何做？	300 元	
E55　莫非愛可以如此	240 元		P51	是誰傷了父母？─傷心父母的療癒書	280 元	
E56　幸福關係的七段旅程	300 元		P52	Orange 媽媽：四分之三的幸福	250 元	
E58　抱緊我─扭轉夫妻關係的 7 種對話	320 元		P53	喬伊的返校之旅	350 元	
E59　宿命・改變・新女人	250 元		P54	碰恰恰說故事魔法	280 元	
E60　愛是有道理的	380 元		P55	不光會耍寶：認輔志工守護孩子的故事	300 元	
E61　離去？留下？：重新協商家庭關係	450 元		P56	陪伴天使的日子	260 元	
E62　信任，決定幸福的深度	360 元		P58	預見家的幸福	260 元	
E63　女性私身體：全方位生理週期照護手冊	600 元		P59	我不是不想上學	280 元	
E64　結婚前，結婚後	280 元		P60	火孩子，水孩子	320 元	
E65　原來，婚姻可以不靠忍耐來維持	380 元		P61	教出有勇氣與行動力的孩子	280 元	
E66　在親密關係中活出最好的生命：給基督徒夫妻的「抱緊我」對話	400 元		P62	專注力訓練，自己來！	300 元	
			P63	培養孩子 6 個生涯成功的禮物	280 元	
親子系列	定價	備註	P64	像青蛙坐定─給孩童的正念練習	300 元	
P9　天下無不是的孩子	180 元		P65	一生罕見的幸福 II：走下去，才有驚喜	300 元	
P12　尋找田園小學─創造兒童教育的魅力	220 元		P66	孩子，我學著愛你，也愛自己	260 元	
P21　孩子的心，我懂	220 元		P67	給予空間，保持親近：青少年父母的正念練習	320 元	

編號	書名	定價	備註	編號	書名	定價	
P68	穩步‧慢行：自閉症孩子的生活、溝通、學習	480元		N33	敘事治療—解構並重寫生命的故事	420元	
P69	為什麼青少年都衝動？（全新修訂版）	400元		N34	志工實務手冊	450元	
P70	孩子你好，請多指教	320元		N35	家庭暴力者輔導手冊	280元	
P71	平靜而專注 像青蛙坐定：你的心靈指南	380元		N36	遊戲治療 101	450元	
	青少年系列	定價	備註	N37	薩提爾治療實錄—逐步示範與解析	280元	
Z2	悸動的青春—如何與人交往	120元		N38	解決問題的諮商架構	270元	
Z3	葫蘆裡的愛—如何與家人溝通	120元		N39	情緒取向 V.S. 婚姻治療	300元	
Z4	輕鬆過關—有效的學習方法	120元		N40	習慣心理學‧辨識篇〈上冊〉	500元	
Z5	孩子，你在想什麼—親子溝通的藝術	120元		N41	習慣心理學‧辨識篇〈下冊〉	500元	
Z6	青少年的激盪—青少年心理及精神問題解析	150元		N42	快提銀髮族—台灣老人的生活調查報告	220元	
Z9	少年不憂鬱—新新人類的成長之路	180元		N45	家族星座治療—海寧格的系統心理療法	450元	
Z10	想追好男孩—青春族的情感世界	180元		N46	性罪犯心理學—心理治療與評估	350元	
	二、輔導叢書			N47	故事與心理治療	300元	
	阿德勒系列	定價	備註	N48	每個學生都能成功	250元	
AA1	阿德勒個體心理學	700元		N49	情緒與壓力管理	300元	
AA2	從個體到群體：古典阿德勒學派深層心理治療	450元		N51	理情行為治療	220元	
AA3	社會平等：當代的挑戰	350元		N52	婚姻與家族治療—個案研究	720元	
	助人技巧系列	定價	備註	N53	焦點解決諮商案例精選—激勵人心的治療故事	270元	
C3	助人歷程與技巧（增訂版）	240元		N54	幫他走過精神障礙—該做什麼，如何做？	280元	
C4	問題解決諮商模式	250元		N55	存在心理治療—死亡（上）	300元	
C5	校園反性騷擾行動手冊（修訂本）	150元		N56	存在心理治療—自由、孤獨、無意義（下）	380元	
	團體輔導系列	定價	備註	N57	兒童注意力訓練手冊	400元	
M2	團體領導者訓練實務	280元		N58	面試成功進大學	270元	
M3	如何進行團體諮商	150元		N59	心理治療 Live 現場	380元	
M6	小團體領導指南	100元		N60	青少年與家族治療	400元	
M7	團體輔導工作概論	250元		N61	習慣心理學‧應用篇	400元	
	教育輔導系列	定價	備註	N62	兒童與青少年焦點解決短期心理諮商	320元	
N14	短期心理諮商	250元		N63	兒童敘事治療：嚴重問題的遊戲取向	420元	
N15	習慣心理學—理論篇	380元		N64	薛西佛斯也瘋狂	290元	
N17	自我與人際溝通	220元		N65	兒童注意訓練父母手冊	260元	
N18	人際溝通分析：TA 治療的理論與實務	350元		N66	行動的反思團隊	450元	
N19	心理治療實戰錄	320元		N67	敘事取向的生涯諮商	270元	
N20	諮商實務的挑戰—處理特殊個案的倫理問題	300元		N68	焦點解決諮商的多元應用	480元	
N21	習慣心理學〈歷史篇〉	420元		N69	跟薩提爾學溝通	200元	
N22	客體關係理論與心理劇	400元		N70	聯合家族治療	320元	
N23	薩提爾的家族治療模式	380元		N71	克服逆境的孩子—焦點解決諮商的家庭策略	280元	
N24	焦點解決短期心理諮商	200元		N72	從換幕到真實—戲劇治療的歷程、技巧與演出	400元	
N25	邁向成熟—青年的自我成長與生涯規劃	250元		N73	稻草變黃金—焦點解決諮商訓練手冊	320元	
N29	人際溝通分析練習法	420元		N74	挑戰成癮觀點—減害治療模式	400元	
N30	兒少性侵害全方位防治與輔導手冊	260元		N75	心理治療的新趨勢—解決導向療法	250元	
N31	心理治療入門	360元		N76	OFFICE 心靈教練—企業的焦點解決短期諮商	250元	
N32	TA 的諮商歷程與技術	280元		N77	家庭暴力加害人處遇團體方案手冊—EMERGE 模式	350元	

N79	好好出口氣—設定界限，安全表達憤怒	220元		N121	創傷的積極力量（上）	300元	
N80	遊戲治療101—II	450元		N122	創傷的積極力量（下）	280元	
N81	遊戲治療101—III	450元		N123	DBT技巧訓練手冊（上）	450元	
N82	家庭與伴侶評估—四步模式	320元		N124	DBT技巧訓練手冊（下）	450元	
N83	性侵害加害人團體處遇治療方案：本土化再犯	300元		N125	DBT技巧訓練講義及作業單	550元	
N84	如何與非自願個案工作	270元		N126	ACT一學就上手	380元	
N85	合作取向治療：對話、語言、可能性	420元		N127	諮商心理衡鑑的理論與實務	380元	
N86	敘事治療的工作地圖	320元		N128	ACT實務工作者手冊	350元	
N87	心靈的淬鍊—薩提爾家庭重塑的藝術	350元		N129	在關係中，讓愛流動	380元	
N88	終點前的分分秒秒	380元		N130	一次的力量	280元	
N89	當下，與你真誠相遇：型治療師的深刻省思	320元		N131	圖像溝通心視界	280元	
N90	合作取向實務：造成改變的關係和對話	450元		N132	解決關係焦慮：Bowen家庭系統理論的理想關係藍圖	350元	
N91	薛西佛斯也瘋狂II：強迫症的案例與分析	270元		N133	跟大師莫雷諾上心理劇	400元	
N92	災難後安心服務	250元		N134	與家庭共舞：象徵與經驗取向的家族治療	320元	
N93	勇氣心理學—阿德勒觀點的健康社會生活	350元		N135	傾聽生命故事與敘說的療癒力	380元	
N94	走進希望之門—從藝術治療到藝術育療	350元		N136	看懂關係，療癒心靈：關係治療理論與實務	360元	
N95	繽紛花園：兒童遊戲治療	360元		N137	走出苦難，擁抱人生：接受與承諾治療自助手冊	400元	
N96	憂鬱症的情緒取向治療	470元		N138	華無式家族治療：吳就君的治療心法和助人美學	350元	
N97	情緒取向VS.婚姻治療（二版）	380元		N139	闖進兔子洞：魔幻奇境的敘事治療	400元	
N98	員工協助方案專業人員手冊	380元		N140	希望鍊金術：焦點解決取向在校園輔導的應用	360元	
N99	以畫為鏡—存在藝術治療	400元		N141	學習、互動與融入：自閉症幼兒的丹佛早療團體模式	350元	
N100	家族治療的靈性療癒（上）	380元		N142	強化動機 承諾改變：動機式晤談實務工作手冊	350元	
N101	家族治療的靈性療癒（下）	320元		N143	陪孩子遇見美好的自己（二版）：兒童、遊戲、敘事治療	320元	
N102	導引悲傷能量：悲傷諮商助人者工作手冊	450元		N144	最想說的話，被自己聽見：敘事實踐的十五堂課	400元	
N103	陪孩子遇見美好的自己	260元		N145	鼓勵孩子邁向勇氣之路	400元	
N104	敘事治療的實踐：與麥克持續對話	300元		N146	助人歷程與技巧（第三版）	360元	
N105	辯證行為治療技巧手冊	380元		**贏家系列**			備註
N106	關係的評估與修復	380元		SM6	鼓舞卡	600元	
N107	SAFE班級輔導模式	250元		SM7	天賦卡	600元	
N108	看見孩子的亮點	350元		SM8	互動卡	600元	
N109	當下，與情緒相遇	350元		**心理推理系列**		定價	備註
N110	學生輔導工作倫理守則暨案例分析	350元		T4	走出生命的幽谷（新版）	200元	
N111	大象在屋裡：薩提爾模式家族治療實錄1	380元		T10	前世今生—生命輪迴的前世療法	250元	
N112	越過河與你相遇：薩提爾模式家族治療實錄2	320元		T11	家庭會傷人—自我重生的新契機（二版）	300元	
N113	遇見孩子生命的曙光	280元		T12	你是做夢大師—孵夢、解夢、活用夢	250元	
N114	藝樹園丁：悲傷與失落藝術治療	360元		T13	生命輪迴—超越時空的前世療法	270元	
N115	藝術治療與團體工作	450元		T14	生命不死—精神科醫師的前世治療報告	280元	
N116	喚海盜那樣教：讓教師脫胎換骨的海盜教學法	280元		T16	你在做什麼？—成功改變自我、婚姻、愛情的真實故事	380元	
N117	從聽故事開始療癒：創傷後的身心整合之旅	380元		T18-1	榮格自傳—回憶、夢、省思	450元	
N118	米紐慶的家族治療百寶袋	380元		T19	家庭祕密—重返家園的新契機	280元	
N119	貪玩就要玩大的：起司班學習成長故事	320元		T20	跨越前世今生—陳勝英醫師的眠治療報告	200元	
N120	療癒親密關係，也療癒自己：情緒取向創傷伴侶治療	360元		T21	脆弱的關係—從玫瑰戰爭到親密永久的婚姻	320元	

T25	回家：結構派大師說家庭治療的故事	400元		D62	我的生命成長樹—內外和好的練習本	270元
T27	當尼采哭泣	420元		D63	Erikson 老年研究報告	400元
T28	診療椅上的謊言	420元		D64	難以置信—科學家探尋神祕信息場	240元
T31	前世今生之回到當下	280元		D65	重畫生命線—創傷治療工作手冊	400元
T33	祕密，說還是不說	360元		D66	家屋，自我的一面鏡子	380元
T39	父母會傷人	300元		D67	你可以靠近我	280元
T43	鏡子裡的陌生人—解離症：一種隱藏的流行病	380元		D71	一分鐘心理醫生	250元
T44	你有沒有看見我的馬	280元		D73	這就是男人！	340元
T45	大師說舞	260元		D75	打破沈默—幫助孩子走出悲傷	270元
T46	婚姻探戈	260元		D77	我們並未互道再見—關於安樂死	260元
T47	舞動人生	260元		D78	巫婆一定得死—童話如何形塑我們的性格	320元
T48	成長之舞	260元		D80	艾瑞克森—自我認同的建構者	370元
T51	獵食者：戀童癖、強暴犯及其他性犯罪者	380元		D82	憂鬱心靈地圖—如何與憂鬱症共處	290元
T54	佛洛伊德的輓歌	250元		D89	我的感覺你懂嗎？—面對拒絕	320元
T55	媽媽有病—代理性佯病症真實案例	200元		D91	日常談話・深度傾聽	290元
T56	解剖自殺心靈	250元		D92	勝過失望	270元
T57	打開史金納的箱子—二十世紀偉大的心理學實驗	320元		D93	父母離婚後—孩子走過的內心路	360元
T59	改變治療師的人 23 位治療大師的生命故事	320元		D94	此刻有你真好—陪伴悲傷者走過哀痛	220元
T60	愛情劊子手	350元		D95	向自殺 SAY NO！	350元
T61	受虐的男孩，受傷的男人	280元		D96	別跟情緒過不去	280元
T62	情緒分子的奇幻世界	420元		D97	木屐與清酒	220元
T63	家有千絲萬縷	250元		D98	可以溝通真好	280元
T64	蛤蟆先生的希望—TA 諮商童話版	280元		D99	打開戀物情結	300元
T65	我的家庭治療工作	280元		D104	當所愛的人有憂鬱症—照顧他，也照顧好自己	290元
T66	媽媽和生命的意義	350元		D105	請容許我悲傷	250元
T67	午夜冥思：家族治療大師華特克回憶錄	380元		D106	再也不怯場	290元
T68	關係是傷也是藥：家族治療二十八年的反思筆記	300元		D107	殺不死我的，使我更堅強	280元
T69	孩子不離家	320元		D108	空間詩學	350元
T70	婚癌：找出家庭關係的生機	320元		D109	做自己的心理管家	290元
	心靈拓展系列	定價		D111	女人的壓力處方	250元
D40	心靈神醫	220元		D112	心理治療室的詩篇	250元
D43	照見清淨心	180元		D113	愛與自由	300元
D44	恩寵與勇氣	380元		D114	我是有為者	200元
D46	杜鵑窩的春天—精神疾病照顧手冊	320元		D115	發現你的利基	250元
D47	超越心靈地圖	300元		D116	小魚舖，大奇蹟	240元
D50	生命教育—與孩子一同迎向人生挑戰	240元		D117	道別之後	220元
D53	空，大自在的微笑—空 禪修次第	200元		D118	難以置信 II—尋訪諸神的網站	280元
D55	假如我死時，你不在我身旁	280元		D119	關係療癒	320元
D56	不知道我不知道	180元		D120	人道醫療	300元
D57	如何好好生氣—憤怒模式工作手冊	250元		D123	生命河流	220元
D58	因為你聽見了我	220元		D125	跨界之旅	220元
D59	當醫生遇見 Siki	240元		D126	永恆的朝聖者—空與神的會晤	280元

D127	超越語言的力量—藝術治療在安寧病房的故事	270元		D176	超越成敗：邁向自立與成熟	280元
D129	我最寶貴的	200元		D177	9個萬分之一的相聚	280元
D130	阿嬤的故事袋—老年、創傷、身心療癒	280元		D178	療癒，從創作開始：藝術治療的內在旅程	350元
D131	逃學老師	260元		D179	解鎖：創傷療癒地圖	420元
D133	全方位憂鬱症防治手冊	300元		D180	正念減壓初學者手冊	300元
D134	改變的禮物	250元		D181	存乎一心：東方與西方的心理學與思想	600元
D136	如果梵谷不憂鬱	380元		D182	生命，才是最值得去的地方	300元
D137	中年學音樂	240元		D183	生活，依然美好：24個正向思考的祕訣	280元
D138	當綠葉緩緩落下：生死學大師的最後對話	260元		D184	如是 深戲：觀·諮商·美學	350元
D139	當好人遇上壞事	240元		D185	黑手玩家：手作與生活器物的美好交會	350元
D140	美名之路：慕哈妲·梅伊的故事	200元		D186	愛人如己：改變世界的十二堂課	300元
D141	話語、雙手與藥：醫者的人性關懷	280元		D187	正念的感官覺醒	700元
D144	好心情手冊Ⅰ—情緒會傷人	280元		D188	愛與自由：家族治療大師瑪莉亞·葛莫利（典藏版）	380元
D145	好心情手冊Ⅱ—焦慮會傷人	290元		D189	癌症完全緩解的九種力量	380元
D146	好心情手冊Ⅲ—情結治療師	280元		D190	說謊之徒：真實面對謊言的本質	380元
D147	熟年大腦的無限潛能	250元		D191	被卡住的天才：用韌性釋放被禁錮的才智	380元
D149	喪慟夢	240元		D192	八週正念練習：走出憂鬱與情緒風暴（附練習光碟）	350元
D151	踏上心靈幽徑：穿越困境的靈性生活指引	400元		D193	我生氣，但我更爭氣！	280元
D152	搶救心理創傷：從危機現場到心靈重建	250元		D194	身體的智慧	380元
D153	愈感恩，愈富足	270元		D195	一次一點，反轉憂鬱	320元
D154	幸福的偶然	240元		D196	用心去活：生命的十五堂必修課	300元
D155	關照身體，修復心靈	280元		D197	新關係花園	380元
D156	信念的力量（十週年增訂紀念版）	380元		D198	一字一句，靠近潛意識：十個解夢對話實錄	480元
D157	活出熱情	200元		D199	我的名字叫伊瑪奇蕾：種族滅絕倖存者的真實告白	350元
D158	微笑天使向前走：逆境家庭的生命復原力	260元		D200	翻過來看世界	350元
D159	漸漸懂了你的心	250元		D201	新生命花園	380元
D160	不單單是爸爸：風雨中的生命書寫	380元			人與自然系列	定價	備註
D161	每個人心中都有2隻鱷魚	250元		NB1	傾聽自然（二版）	200元
D162	生命如此豐盛	280元		NB2	看！岩石在說話	200元
D163	心美，生活更美—現代生活新倫理	250元		NB3	共享自然的喜悅	250元
D164-1	真善美的追尋—李鍾桂與救國團的半世情	350元		NB4	與孩子分享自然	220元
D165	智慧的心—佛法的心理健康學	450元		NB5	探索大地之心	250元
D166	生命宛若幽靜長河	270元		NB7	學做自然的孩子—國家公園之父繆爾如何觀察自然	180元
D167	觀山觀雲觀生死	270元		NB11	女農討山誌	300元
D168	生命夢屋	240元		NB12	貂之舞—來自阿爾卑斯山一股澄澈的自然聲音	280元
D169	情話色語	270元		NB13	義大利的山城歲月	280元
D170	在時光走廊遇見巴黎—廖仁義的美學旅行	270元		NB14	冷靜的恐懼—絕境生存策略	280元
D171	120公分的勇氣	280元		NB15	我生命中的花草樹木	280元
D172	我願意陪伴你	280元		NB16	療癒之森：進入森林療法的世界	250元
D173	療癒，藏在身體裡	280元		NB17	樂活之森：森林療法的多元應用	300元
D174	愛，一直都在	280元		NB18	來自天地的感動	250元
D175	情義相挺一甲子：救國團義工英雄傳	280元		NB19	共享自然，珍愛世界：適用全年齡層的自然覺察活動	350元

NB20	自然就該這樣玩	300元	
NB21	梭羅與樹的四時語言	380元	
心靈美學系列		定價	備註
Y14	疼惜自己	100元	
Y15	玩得寫意	100元	
Y16	彼此疼惜	100元	
Y17	老神在哉	100元	
Y18	和上蒼說話	100元	
Y19	心中的精靈	100元	
Y23	與人接觸	200元	

國家圖書館出版品預行編目（CIP）資料

社會平等：當代的挑戰 / 魯道夫.德瑞克斯（Rudolf Dreikurs）著；李家雯等譯. -- 初版. --
臺北市：張老師，2019.1
　面；　公分. --（阿德勒系列；3）
　譯自：Social equality : the challenge of today.

ISBN 978-957-693-926-6（平裝）

1.平等 2.社會史

540.9　　　　　　　　　　　　　　　　　　　　　　　　　　107022474

阿德勒系列 AA3

社會平等：當代的挑戰
Social Equality: The Challenge of Today

作　　者→魯道夫‧德瑞克斯（Rudolf Dreikurs）
譯　　者→李家雯、吳毓瑩、林上能、黃珮怡
審　　閱→楊瑞珠
責任編輯→李美貞
封面設計→李東記
照片提供→Dr. Eva Dreikurs Ferguson
發 行 人→李鍾桂
總 經 理→林聯章
《出版部》總 編 輯→俞壽成／副總編輯→苗天蕙
《月刊部》主 編→趙凡誼／企劃編輯→黃曼茹、莊妍／特約美術編輯→羅麗珍
《業務部》經　　理→朱慶智／印務組長→蘇英萬／讀者服務組長→李麗華／發行組長→李文彬／
　　　　　廣告經理人→王愷寧
《管理部》經　　理→陳玉英／財務組專員→顏蕙華‧ 林淑琴‧ 高雅婷／行政專員→謝月娥
出 版 者→張老師文化事業股份有限公司 Living Psychology Publishers Co.
　　　　　郵撥帳號：18395080
　　　　　10647 台北市大安區羅斯福路三段 325 號地下一樓
　　　　　電話：(02)2369-7959　傳真：(02)2363-7110
　　　　　E-mail：service@lppc.com.tw
　　　　　讀者服務：23141 新北市新店區中正路 538 巷 5 號 2 樓
　　　　　電話：(02)2218-8811　傳真：(02)2218-0805
　　　　　E-mail：sales@lppc.com.tw
　　　　　網址：http://www.lppc.com.tw（讀家心聞網）
登 記 證→局版北市業字第 1514 號
Ｉ Ｓ Ｂ Ｎ→978-957-693-926-6
定　　價→350 元
初版 1 刷→2019 年 1 月

法律顧問→林廷隆律師
排　　版→菩薩蠻電腦科技有限公司
印　　製→永光彩色印刷股份有限公司